子どもの
ことばを
はぐくむ

国語・音声・読書の指導

有働玲子 編著

萌文書林

はじめに

今、日本では近くの書店や公共図書館、学校図書館などに行けば、すぐに絵本や本を手に取ることができます。それが当然のようになっています。しかし昨年、ノーベル平和賞を受賞したマララ・ユスフザイさんが2013年7月にニューヨーク市の国連本部で行ったスピーチでは、「一人の子ども、一人の教師、1冊の本、そして1本のペン、それらが世界を変えるのです」と語られました。1日も早く、世界の子どもたちが絵本や本を、いつでも手に取れるような環境になるよう人々が行動していくことが必要でしょう。

さらに、東日本大震災の発生は、日本の子どもたちにも大きな影響を与えています。仮設住宅や避難先での生活で絵本や本を手に取る環境が整いにくいという声を聞きます。日常生活の中で、いつでも絵本や本を声に出して読むことができるように、社会的な支援をしていかなければなりません。

私たちは、本書を作成するにあたり、絵本や本がつねに子どもの手元にある環境をつくりたいと考えました。そして、そのようにするための工夫をまとめようと心がけました。子どもが人として音声のことばや自分のことばを形成し成長していくためには、絵本や本が重要な役割をはたすと考えたからです。たとえば、絵本や本には、子どもの内面世界を充実させることや、子どもの音声のことばを豊かにする役割があると考えています。

そこで第1部では、幼児期の、主として絵本を楽しむ試みについてまとめました。原初的な体験を経てことばに対する信頼、聞く力、話す力が次第に身についてくるからです。第2部では、小学校での本を中心とした取り組みを述べています。子どもは、音声のことばを自分のことばとして身につけていくことがわかります。第3部では、

絵本や本を取り巻く背景について、それぞれの立場からまとめています。このような工夫を経て、子どもたちに絵本や本を確実に手渡しする環境をつくっていくことができるようになると考えています。

では、子どもたちの絵本や本を読む「読書」という行為は、どのように始まるのでしょうか。最初は家族や身近な大人の音声をともなった「読み聞かせ」ではないでしょうか。大人の語る音声によって本の世界を体験します。その耳から入る読書へのいざないの時期を経て、絵本や本を選びながら主体的な読書の習慣を身につけていくのでしょう。幼児期や児童期はまさにその架け橋に位置する時期といえます。私たちは生涯、読書をする営みを継続していきます。そのプロセスにおいて、私たちの内面では感性と理性の育みが行われています。

一方、情報社会の到来によってゲーム機などを通してお話を知る世代が出現しました。また、DVDやスマートフォンなどで絵本や本のお話を再生して聞くこともできます。読書を成立させる媒体が多様化しているのです。つまり子どもたちに絵本や本を読むことを導くには、このような言語およびメディア環境の変化をふまえながら、さまざまな工夫が必要になってきています。

このように、私たちは絵本や本を読むためには、日々の絶え間のない地道な工夫が必要だと考えています。同じ時代を生きる先達として、現状を冷静に見つめて家庭や地域、学校で絵本や本との出会いや、文化的な営みをつくりたいと考えています。そのために、これから子どもの保育や教育などにかかわる皆さん、すでに子どもにかかわっている皆さん、社会活動を行っている皆さん、そのほか、絵本や本に興味や関心をもつ皆さんに、本書を手に取っていただきたいと願っています。

末筆ながら、絶えず私たちをお導きくださいました、萌文書林の編集者の赤荻泰輔氏に感謝を申し上げます。

二〇一五年七月

　　　　編著書代表　有働玲子

子どものことばをはぐくむ　国語・音声・読書の指導●もくじ

第1部　保育の中の読書の位置づけの確認

第1章　幼稚園教育要領・保育所保育指針における読書について

1　中央教育審議会の答申より●11　　2　2008（平成20）年改訂の幼稚園教育要領の要点●14

3　領域「言葉」と読書●18

第2章　絵本と読書体験

1　保育での読書体験から得られるもの●21　　2　保育における絵本の活用の仕方●26

3　読み聞かせと保育内容5領域●31

第3章　幼保小連携のための方策

1　現状と課題●33　　2　幼保小連携の必要性●34　　3　私立学校における宗教的情操教育●36

4　幼保小連携における言語活動●39　　5　幼保小連携を充実させるために●43

コラム　子育ての支援と読書（品川孝子）●47

第2部 小学校教育の読書の位置づけの確認

第4章 小学校学習指導要領における読書について …… 52

1 段階的な読書の指導 ● 53
2 指導事項と言語活動の扱い ● 55
3 指導計画の扱い ● 59
4 指導上の留意点 ● 60

第5章 教材と読書の指導 …… 62

1 読書活動と教材 ● 63
2 低学年の教材と読書の指導 ● 64
3 中学年の教材と読書の指導 ● 67
4 高学年の教材と読書の指導 ● 70
5 図書館の利用についての教材と指導 ● 73

第6章 幼稚園・保育所と連携した読書指導 …… 77

1 幼稚園・保育所と小学校との連携 ● 78
2 幼稚園や保育所における読み聞かせと小学校での読み聞かせ ● 80
3 小学校1年生における読み聞かせの実態調査と考察 ● 82

コラム 地域での本の読み聞かせ会（大橋ひろ美）● 88

第3部 実践事例から学ぶ読書の指導

第7章 幼稚園や保育所における読書の体験

7-1 効果的な導入の紹介
1. 導入の重要性 ●93
2. 絵本の読み聞かせの実践事例 ●95
3. 実践事例における考察 ●98
4. 導入における注意点 ●100

7-2 絵本の読み聞かせ——仏教保育の実践事例から
1. 絵本のもつ力 ●105
2. 家庭における絵本 ●106
3. 絵本の読み聞かせの実践 ●108
4. 絵本の可能性 ●116

第8章 小学校低学年の読書の指導実践

8-1 「どうぶつの赤ちゃんずかん」をつくろう——小学校1年生
1. 段階を追った指導で本にまとめよう ●121
2. 指導目標と評価規準 ●122
3. 指導の留意点 ●123
4. 指導計画 ●126
5. 多くの情報にふれさせよう ●133

8-2 読み聞かせを活用した読書感想文の指導実践
1. 読書感想文と読み聞かせの関係性 ●134
2. 読書感想文の書き方指導の実践 ●137

第9章 しょうかいします、わたしのおすすめの本——小学校3年生
1. 読書を勧める取り組み ●152
2. 読書や本の紹介 ●154
3. 3年生の実践 ●155

第10章 自分でページをめくれるよ！ 特別支援学校で絵本を使った授業実践

1 特別支援学校の教育について ● 171
2 訪問教育 ● 172
3 どんな子どもが訪問教育を受けているのか ● 173
4 教員の1週間の動き ● 174
5 教育課程について ● 176
6 絵本『トマトさん』を使った実践例 ● 177
7 Aくんが展開する授業をつくるには ● 179
8 子どもが主役になる授業づくりを ● 182

4 説明的な文章を読んで感想を書こう ● 158
5 おすすめの本、しょうかいします ● 161
6 本を紹介する喜びが読書の世界を広げる ● 169

……170

コラム さまざまな絵本（生井恭子）● 184

第11章 全校で取り組む読書指導──小学校や小中一貫校の実践

1 いろいろな人の読み聞かせやブックトークを聞こう ● 187
2 読書旬間の取組み ● 194
3 図書室を気持ちよく利用するための指導 ● 196
4 読書指導年間計画と教育計画 ● 198

……186

第12章 教師によるブックトーク

1 ブックトークとは ● 204
2 ブックトークの実例 ● 206
3 魅力的なブックトークを行うために ● 237

……203

コラム 「朝の読書」が教えてくれたこと（川﨑啓子）● 240

第 4 部 読書の指導を行う際に知っておきたいこと

第13章 読書の指導のはじめ ── 昭和20年代の読書指導から ● 246

1 学校図書館を利用する読書の指導 ● 247
2 読書の指導の必要性 ● 249
3 読書の指導の事例 ● 251
4 読書の指導を含んだ教科書教材 ● 253
5 学習指導要領における読書指導 ● 255
6 読書生活を豊かにする指導 ● 256

第14章 絵本の取り扱い ● 258

1 絵本そのものの活用 ● 259
2 文化理解のツールとしての絵本 ● 267
3 絵本を通した疑似体験で感じる・学ぶ ● 268

第15章 教科書教材の取り扱い ── 絵本を出典とした『世界一美しいぼくの村』を用いて ● 272

1 絵本を出典とした教材 ● 273
2 教科書教材の吟味と指導 ● 274
3 絵本を出典とした教科書教材 ● 275
4 『世界一美しいぼくの村』について ● 281

コラム ゲーム性のある読書（川﨑啓子）● 287

資料 絵本の読み聞かせの姿勢や環境づくり（島川侑子）● 290

編著者紹介 執筆者紹介 ● 295

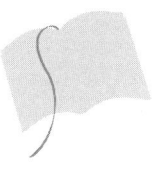

第1部 保育の中の読書の位置づけの確認

第1章

幼稚園教育要領・保育所保育指針における読書について

幼稚園は「幼稚園教育要領」に、保育所は「保育所保育指針」にもとづいて日々の保育を行うことが求められている。では、幼稚園教育要領と保育所保育指針、このふたつはまったく異なるものものなのかといえば、そうではない。それは両者の保育内容をみていけばわかるもので整合性が図られている。＊ここでは、幼稚園教育要領を中心として、さまざまな背景、教育的な配慮、重視したい視点、史的な背景などを整理しながら、次に述べてみたい。

1 中央教育審議会の答申より

幼稚園教育要領の保育内容「言葉」の項には、読書にかかわる絵本の読み聞かせの重要性が明記されている。絵本の読み聞かせはこれにより、幼稚園教育のひとつの重点となっているとみなすことができる。それは、小学校の読書指導との関連を考える上でも、見逃してはならない文言である。

では、この文言にしたがって指導を行うには、指導者はどのような理解を行っていくとよいのであろうか。まず、この要領の背景となった中央教育審議会の答申をみていくこととする。

教育基本法改定に基づき、2008（平成20）年1月の中央教育審議会の答申において、幼稚園と小学校の連携、さらに園（学校）生活と家庭などでの生活の連続性の確保ということが、掲げられるようになった。具体的には、次のような指摘に示されている。

○小学校での学習や生活への適応の課題を含め、小学校教育との円滑な接続を図り、幼稚園における教育の成果が小学校につながっていくことが大切であることから、教師が意見交換などを通じて幼児と児童

＊1963（昭和38）年に文部省初等中等教育局長および厚生省児童局長の連名で通知された「幼稚園と保育所との関係について」（文初幼第400号、児発1046号）により「保育所のもつ機能のうち、教育に関するものは、幼稚園教育要領に準ずることが望ましいこと。このことは、保育所に収容する幼児のうち幼稚園該当年齢の幼児のみを対象とする」とされてから、3歳以上の子どもの保育において教育の部分は幼稚園教育に準じることになった。

の実態や指導の在り方について相互理解を深めたり、幼児と児童が交流するなど、小学校との連携や交流を図る。

○集団生活の中で自発性や主体性を育てるとともに、人間関係の深まりに沿って、幼児同士が共通の目的を生み出し、協力し、工夫して実現していくという協同する経験を重ねる。

ここにみるように、幼稚園の先にある小学校生活を視野に入れながら日々の生活を営んでいくような配慮が求められていることがわかる。それぞれが独自の教育を行いつつも、一人の人間にとって成長のプロセスを尊重しながら生活することが肝要である。

それは、小学校であっても幼稚園の教育状況を踏まえながら、子どもの指導を行うことが大切なことを意味する。

さらに、集団の質を問い、集団と個との関係性について「ｂ　体験と言葉の重視など子どもや社会の変化に対応した幼稚園教育の充実」という小項目を設けて述べている。その中に次のような文言が示される。

○教師や他の幼児と共に様々な出来事に出会ったり、活動したりして、多様な体験を重ねる中で、幼児の調和のとれた発達を援助していくようにする。その際、幼児の心が動かされる体験が次の活動を生み出すことを考慮し、ひとつひとつの体験の関連を図るようにする。

○幼児が心動かされる体験をして、その感動や思い、考えを言葉に表し、そのことが教師や友達などに伝わる喜びを味わうとともに、相手の話を聞き、その内容を理解し、言葉による伝え合いができるように

○幼児が友達と共に遊ぶ中で、好奇心や探求心を育て、思考力の芽生えを培うことが大切であることを考慮し、幼児一人一人の興味や関心を生かしつつ、友達と共に試したり、工夫したりして、周囲の環境に対する新たな考えが生まれたりするようにする。

ここにみるように、子どもの体験を視野に入れることは、何よりも忘れてはならないことである。さらに、そのことは子どもの心を動かすものであることが必要なのである。保育者は、子どもの日々の生活に目配りを行い、その集団としての活動と個人の心との関連性を考える必要がある。

まず、「相手の話を聞き、その内容を理解し、言葉による伝え合いができる」という視座は、読み聞かせというような声の読書を想定していると考えられる。

次に、「好奇心や、探求心を育て、思考力の芽生えを培う」という指摘が、保育者の子どもに対する指導の構え

2 2008（平成20）年改訂の幼稚園教育要領の要点

まず、法律的な側面から幼稚園の位置づけの変遷を素描したい。2006（平成18）年には、教育基本法第11条に

幼児期の教育は、生涯にわたる人格形成の基礎を培う重要なものであることにかんがみ、国及び地方公共団体は、幼児の健やかな成長に資する良好な環境の整備その他適当な方法によって、その振興に努めなければならない

と明確に記されるようになった。また、2008（平成20）年の学校教育法の改正により

学校とは、幼稚園、小学校、中学校、高等学校、中等教育学校、特別支援学校、大学及び高等専門学校

の必要性が読み取れる。とくに「思考力」については、漠然とした学びの構えではなく、広い視野と意図的な姿勢をもって子どもに接する必要がある。したがって、子どもをどう評価をするのかということも視野にいれながら保育をすることが肝要になってくる。これらのことは、幼稚園教育要領の流れを理解する上には、大事なことなのである。

とする(第1条)。

となる。従来は、最後に「及び幼稚園とする」と記されていた文言が冒頭に置かれる。ここより「学校とは、幼稚園……」と、学校教育の最初が幼稚園であることを記している。このような社会背景が潜んでおり、このような改定が行われているのである。その結果として、最初の学校として幼稚園を位置づけたのである。それは同時に幼稚園固有の教育内容や教育機関を重視することを意味するのである。

その位置づけと並行するように、幼稚園では年長児のステップアップカリキュラムが試みられ、小学校では小学校1年の生活科などを中心としたスタートカリキュラムを作成するなど、幼稚園と小学校の校種を超えた融合がなされはじめている。2015(平成26)年の現在は、幼稚園が学校教育の最初であるという通念も次第に浸透している。

次に、2008(平成20)年改定の幼稚園教育要領の要点を一般的にまとめた見解を提示し、さらに日本語およびその音声、読書の側面に関連する点を2点加える。

まず、一般的にまとめた見解として、文部科学省幼児教育課教科調査官であった篠原孝子の見解に着目したい。具体的には、『新指針・新要領イラスト図解ガイド』(天野珠路、篠原孝子、柴崎正行、川原佐公、田中三千穂監修、ひかりのくに、2009、40ページ)に示されている。その概要は「幼稚園教育要領の改訂のポイント」として「全体的なポイント」を4つに焦点化している。具体的には、次のようになる。「教育基本法。学校教育法の改正を受けて、幼稚園教育の重要性を明確に」「幼小の円滑な接続を図る」「幼稚園と家庭の連続性を確保」「預かり保

育の具体的な留意事項・子育て支援の具体的な活動を示す」という4つの観点である。これを踏まえて、さらに子どもの読書にかかわる「2つのこと」を加えたい。

環境への着目

一つ目は、「環境への着目」である。子どもは家庭および地域などの社会的な関係性のなかで育つ。また、発達のプロセスにおいて、多様な視覚文化・聴覚文化・メディア文化などに接しながら成長をする。現在の子どもは、実に多様な児童文化の環境に身を置いているのである。なかでも、日本語およびその音声、読書の側面に目を配るとするならば、

> 生涯にわたる人格形成の基礎を培う重要なものであり、幼稚園教育は学校教育法第22条に規定する目的を達成するため、幼児期の特性を踏まえ、環境を通して行うものであることを基本とする（『幼稚園教育要領』第1章総則 第1幼稚園教育の基本）

ということは念頭におきたい。つまり、子どもの年齢に対応した教育的な環境づくりへの着目の必要である。しかもそれは、

> 幼児の生活全体が豊かなものとなるように家庭や地域における教育の支援に努めること（『幼稚園教育要領』第1章総則 第3教育課程に係る教育時間の終了後等に行う教育活動など）

16

を考慮しながら、計画的におこなっていくのである。まさに学校という装置も環境なのである。

障害のある幼児への配慮

二つ目は、「障害のある幼児への配慮」である。集団にあっても、一人ひとりの成長を見守る教育の姿勢は肝要である。小学校では特別支援教育という枠組みから、既に指導の歴史が長くあり、多くの先行実践などが散見する。そこで小学校のこの方面の歴史のように、幼児教育でも、この枠組みを常に持ち続けていく必要があろう。そうである限り、次の文言は重要である。

　障害のある幼児の指導に当たっては、集団の中で生活することを通して全体的な発達を促していくことに配慮し、特別支援学校などの助言又は援助を活用しつつ、例えば指導についての計画又は家庭や医療、福祉などの業務を行う関係機関と連携した支援のための計画を個別に作成することなどにより、個々の幼児の障害の状態などに応じた指導内容や指導方法の工夫を計画的、組織的に行うこと」(『幼稚園教育要領』第3章 指導計画及び教育課程に係る教育時間の終了後等に行う教育活動などの留意点 2特に留意する事項)

は具体的な手立てを伴うものとして、重要である。また、障害のある幼児の指導も「言葉による伝え合い」を行い、学びの保証が行われる必要がある。

読書の指導の立場からすれば、以上に示された見解は、どれも重要なものである

3 領域「言葉」と読書

子どもにとっての読書は、絵本や物語に親しむ機会である。ともすると、保育者は領域「言葉」における発達のみに目を向けがちである。それも焦点化した姿勢ではある。しかし、よりダイナミックに読書の体験にふれさせるためにも領域「環境」や「表現」にも目を配りたい。たとえば、「思考力」の芽生えである。

具体的には、好奇心や探求心の同一線上に「なぜ、どうして」などという思考力の芽生えがある。

また、先の領域「言葉」に関して次のように捉えたい。無論それも重要である。従来、言葉に関する指導では、感情表現やコミュニケーションの指導に力を注いできた。しかし、2008（平成20）年改訂の幼稚園教育要領からは、幼児期において思考のための言葉が獲得されることに着目する必要があることが強調されるようになった。

たとえば、絵本の読み聞かせが終わった後の話し合いのときに、「それは、どうしてなのかな」「そのような行動をしたのは、こういう理由があるからではないかな」ということについて、子どもの発言にも注目すべきである。このように疑問や理由を言葉にするのは、まさに思考のための言葉なのである。それは読書の指導の入門として、子どもから言葉を引き出す装置としてはたらくのである。

さらに、表現にいたるプロセスを重視することも大事である。たとえば、絵本や物語を集団で、また、一人で読み進める途中での子どものつぶやきを保育者が文字にして記録している事例がある。これは、子どもの自己表現の発達のプロセスを把握する上で重要なことである。読み聞かせの後の子どもの行動やつぶやき、遊びの中で、

18

保育者の記録をとる姿勢が問われてもいる。

このような領域「言葉」の、思考に結びつくことの装置の必要を強調しておきたい。そのためには、保育者が子どもたちの話し言葉やつぶやきを含めた、内面の表出をともなう表現に着目することが必要なのである。

第2章 絵本と読書体験

絵本は保育の現場において、頻繁に用いられる教材のひとつである。筆者の勤務する園でも、基本的に1日に1冊は必ずといってよいほど読み聞かせを行っている。では、なぜここまで保育の現場で絵本は活用されているのか。そしてどのような場面で活用されているのか。本章では、このふたつの側面を中心に考察していきたい。

保育での読書体験から得られるもの

1 想像する力

最初に、幼稚園教育要領解説の中で領域「言葉」の「(9) 絵本や物語などに親しみ、興味をもって聞き、想像をする楽しさを味わう」では、次のように述べられていることを示したい。

絵本や物語、紙芝居などを読み聞かせることは、現実には自分の生活している世界しか知らない幼児にとって、様々なことを想像する楽しみと出会うことになる。…（中略）…なぜ、どうしてという不思議さを感じたり、わくわく、どきどきして驚いたり、感動したりする。また、悲しみや悔しさなど様々な気持ちに触れ、他人の痛みや思いを知る機会ともなる。

とある。たとえば、話の世界からごっこ遊びに発展したり、自分たちで話をもっと膨らませ、次の遊びにつながることもある。絵本の読み聞かせを行うことで、静止した絵から自分なりにイメージし、頭に収めて脳内で映像化することで想像力が育まれるのである。

また、幼児期は人格形成の上で重要な時期であり、生涯に渡る基礎を担っている。相手の感情をくみ取り、行

動することがまだ難しい子どもたちに絵本を用いて、自身を絵本の中の住人に重ねて物語を疑似体験して、さまざまな感情を味わい、相手の気持ちを察し対応することを学ぶ機会をつくることも大切なのである。

ほかにも、絵本を保育の場面で活用することで、言語理解能力の拙(つたな)い子どもにおいても、絵からの情報によりそれをおぎない、想像しやすいという利点もある。

② 言葉の形成

幼児期の子どもは、言葉や文字に興味をもち、話し言葉が飛躍的に増える時期でもある。そういった時期に絵本を活用することによって、より言葉に興味をもつことができると考える。『実践新幼稚園教育要領ハンドブック』の「言葉に対する感覚をどう育てるか」では、

> 子どもは、ひとつの言葉をその「言葉」だけの単体で捉えるのではなく、状況や雰囲気で読み取り理解していきます。(2)

とある。子どもにとって非現実的でワクワクする絵本は印象的であり、状況や雰囲気を捉えやすく、言葉を受け止めるのにも最適である。また、「絵本」という教材の特色を生かすことで、耳からだけでなく絵という視覚からの情報も増え、より状況の把握がしやすくなる。

ほかにも、言葉が心地よい音の運びで書かれているものも多く、子どもが興味を示しやすくなる。よい例がよ

く保育の現場で行われる挨拶などで行われる「手チェパッチン お背中ピーン せーの いただきます」といった言葉である。ただ単調な言葉で進めるよりも子どもたちの中に浸透しやすい。こういった要素が絵本の中に多く登場しているのである。

③ 伝統文化に興味をもつ

絵本の中には、日本や世界の昔話や行事に関する話がたくさんある。教育基本法の第2条 教育の目標には、

五 伝統と文化を尊重し、それらをはぐくんできた我が国と郷土を愛するとともに、他国を尊重し、国際社会の平和と発展に寄与する態度を養うこと

とあるように、これからの国際社会において自国や外国のことを知ることは重要なことである。

その足がかりとして絵本を使用し、日本・外国の伝統

文化にふれていくというのもひとつの方法ではないだろうか。絵本の世界から、日本の昔の人はどんな服装・暮らし・言葉づかいをしていたのか知り、また、外国の人たちの服装や住居・環境などについて日本との相違を学ぶこともできる。

昨今、核家族化が進んでおり、祖父母から昔話を聞く機会が減ってきている。そういった面でも、絵本を活用することで保育の中で昔話を知ることができる。また、伝統的な行事を知る上で絵本を活用することにより、わかりやすく絵本の中と同じような体験をする喜びや達成感を味わう機会が得られる。

④ 人間関係をつくる

同じ絵本を皆で見ることにより、子どもたちは一緒に絵本の世界を冒険する。自分の中で感想を消化するだけでなく、誰かと共有することがコミュニケーションの上で大切であり、人間関係を築く上での基盤となる。

また、相手が自分と異なる考えをもっているとわかった際に、それを認めることで視野を広げることができる。これは、子どもの間だけではなく、子どもと保育者の間にもいえることであり、ほかにも保育者が目で語りかけるように絵本を読むことで、子どもの心の反応を感じ取り、信頼関係が生まれるということにもつながっていくのである。

5 多くの絵本にふれる

誰にでも小さな頃、手にとっていまだに印象に残っている絵本があるだろう。園では、家庭でかかわりきれないほど、多くの絵本とふれ合うことができる。よって、子どもにとって生涯の1冊となる絵本と出会う機会も格段にあがる。物語はときに人々の生活の上での糧になる。家庭では、自分の好きな絵本に偏（かたよ）りやすいが、園では、読み聞かせなどで普段自分では手に取らない絵本ともかかわる機会を得る。そこで新たな出会いが生まれて興味の幅が広がり、さまざまな絵本とかかわってみようという気持ちにつながる。反対に自分はどういった絵本を好み、おもしろいと感じるのか、自己分析の上でも幼い頃から多くの絵本にかかわることは重要である。このことが、ひいては読書離れを防ぐ基盤にもなると考える。

6 知識・挑戦心を得る

ひとつ筆者の経験例をあげたい。

3歳児クラスで子どもたちの食べ物の好き嫌いが目立った。どうすれば少しでも挑戦する気持ちをもてるか考え、『グリーンマントのピーマンマン』の読み聞かせを行うことにした。読み聞かせを行なった後日、一人のピーマンが苦手だった子どもが母親にピーマンを買ってきてほしいと自ら頼み食べることができたという話を、保護者づてに聞くことができた。絵本によって挑戦してみようという気持ちをもち、子どもが食べ物に興味をもつきっかけづくりになった。

2　保育における絵本の活用の仕方

グリーンマントのピーマンマン
（さくらともこ作・中村景児絵、岩崎書店）

身のまわりのことや日々の物事について絵本を用いることで、子どもはより多くを学ぶことができるのである。

ほかにも、防犯や災害時の対応、危険な場所や状況への対策において保育者が知識として理解しておいてほしいというねらいをもつならば、絵本を活用することにより楽しみながら学ぶことができる。そのため、子どもたちの中にも、その知識について理解が浸透しやすい。本当にあっては困ること、あってはならないことも絵本の世界で疑似体験し、未然に防ぐことにもつながっていくのである。

前節では絵本の読書体験により、どのようなことが得られるのかを述べてきたが、ここではいかにして実際の保育に絵本を取り入れていけばよいかを述べていきたい。保育の現場で取り入れられる絵本の読書体験は、大きくふたつに分けられると考える。ひとつは保育者による読み聞かせ、もうひとつは子ども自身が絵本とふれ合うというものである。では、この二点について実践法を踏まえて述べていきたいと思う。

① 保育者による読み聞かせ

クラス全体

前節の「④人間関係をつくる」でもあげたように、同じ絵本を皆でみることにより、同じ世界を冒険し、感情の共有によって一体感を得たり、自分とは異なった考えがあることに気づく。これは保育の中でこそ得られる読書体験といえる。

また、筆者の園では、脳トレの川島隆太氏の考えに基づき、"イメージの練習"という言語活動の一環としても絵本を取り入れている。「どんな気持ちかな？」という項目において、絵本を読んだ後に皆で登場人物の気持ちを考え、相手の気持ちを予想するといった取り組みをしている。

ほかにも「記憶遊び」としての活用もできる。たとえば、絵本『大きなかぶ』では読み聞かせ後や、読み重ねていく際に、次は誰が助けに来たのかクイズ形式で思い出していく。この活動により脳の前頭前野の機能を高め、短期記憶につながる。同じ絵本を何度も読むことで短期記憶を繰り返し、それが次第に長期記憶にもつながっていくことが期待されているのである。

少人数

子どもが「この絵本読んでください」ともってくることがよくある。片手で数えられる程度の人数のときは保育者の膝(ひざ)に乗ったり、寄りかかったり、背中に覆い被さったりと、ふれ合いながら一緒に絵本を読む形になりや

すい。

こんなときこそ、子どもとコミュニケーションを取ったり、子どもとの関係性を築く絶好の機会である。幸せな気持ちを味わいながらふれ合うことで、双方の脳内で神経伝達物質のひとつであるオキシトシンが分泌されるといわれている。オキシトシンは脳や心の疲れを癒して人間に対する信頼感や幸福感をもたらす物質とされている。同じ方向を見ながら話を共有し、子どもの発見や気持ちを共感し、ふれ合いながら一緒の空間にいることで、お互いの信頼感が厚くなっていく。そのような面でも絵本は重要な役割をもっているのではないだろうか。

② 子ども自身が絵本とふれ合う

多くの園が保育室に絵本コーナーとして本棚を設置していることであろう。幼児期には、まだ文字が読めない子どもも多くいる。しかし、絵本は絵がその分を補っているため、自分で想像を膨らませて絵本を楽しむことが

28

でき、文字に興味をもつ機会につながる。絵本の絵を見て自分で物語を膨らませたり、以前見た絵本であれば話の内容を思い出しながら楽しむことができる。一度、保育者が全体に読んだ絵本を本棚に置いておき、随所まで深く見られるようにすることで新たな発見もあり、読み聞かせだけでは得られない体験もできる。

また、本棚の絵本を季節ごとに変えることにより、季節感を感じこの絵本に載っていた花は園庭にあるかと探索に出てみたり、自分もこの行事や遊びを楽しんでみたいと次の遊びにつながることもある。

以上、ふたつの項目で述べてきたが、このふたつを融合した絵本の活用の仕方もある。次に、そのことについて述べたい。

③ 月刊絵本を活用する

月刊絵本とは毎月子どもの成長に合わせ、主に季節や行事についての短い話がいくつか盛り込まれている絵本のことである（図表2-1　代表的な月刊絵本　30ページ参照）。

筆者の勤める園では、3歳児クラスの1月（3学期）から月刊絵本を一人1冊ずつもち、皆で一緒に絵本を読み進めていく。内容は保育者が読んでいくため、文字が読めない子どもも楽しめ、同じ絵本を見ているため、内容の共有化もできる。一方で一人ひとりが自分の絵本をもち、ページをめくるので子ども自身が「自分で絵本を読んでいる」と感じ、達成感や喜びをもつことができる。

また、絵本は1ページずつめくることで物語を理解することができることや、絵本を痛めずに見る方法といったことも学べる。はじめは皆と同じページを開いて読み進めることが難しい子どももいるが、「次のページには

◎図表2−1　代表的な月刊絵本

出版社	表題	対象年齢
・チャイルド本社	『チャイルドブックジュニア』	3〜4歳
	『チャイルドブック・ゴールド　みんなともだち』	4〜5歳
・世界文化社	『ワンダーえほん』	3歳
	『ワンダーブック』	4歳
	『ワンダーランド』	5歳
・フレーベル館	『キンダーブック1』	2〜3歳
	『キンダーブック2』	3〜4歳
	『キンダーブック3』	4〜5歳
	『がくしゅうおおぞら』	5歳
・学習研究社	『よいこのくに』	3〜4歳
	『プリン』	4歳
	『よいこのがくしゅう』	4〜5歳
	『ぴっかり』	5歳
・ひかりのくに	『ひかりのくに』	3〜4歳
	『エースひかりのくに』	4〜5歳
	『がくしゅうひかりのくに』	5歳

うさぎさんがいるよ　探してみてね」と興味のもてるよう声をかけることで次第に一緒に楽しめるようになる。慣れてくるとページ数を伝えれば開くこともできるようになり、数字を扱う力を養う上でも活用できる。こう

3 読み聞かせと保育内容5領域

絵本を見ることで「言葉」に興味関心をもつ。他者の気持ちを考え、理解しようとする「人間関係」の育成につながり、絵本の話を自分で膨らませたり登場人物になりきることで「表現」する力も身につく。季節を感じ、絵本の中に描かれたものや事柄から身近な「環境」に興味をもつ。「健康」な生活について絵本から学び、生活の中に生かしていく。

絵本をうまく活用することで、保育内容5領域につながっていく。ひとつひとつを切り離して考えるのではなく、すべてが関連していることをを意識し、読書体験を展開していくことにより、広がりを見せていく。そういった面でも、絵本は保育において大変重要な教材のひとつであるといえるだろう。

引用文献

(1) 文部科学省『幼稚園教育要領解説』フレーベル館、2008、149ページ
(2) 無藤隆監修『実践新幼稚園教育要領ハンドブック』学習研究社、2003、106ページ

第3章 幼保小連携のための方策

「小1プロブレム」[*1]が問題視される中、幼保小連携の重要性が叫ばれているのはなぜか。それは、子どもの発達は連続しているからである。幼稚園や保育所を卒園し、小学校に入学した子どもたちが、新しい環境に困惑するのはある意味当然といえるのではないだろうか。ここでは、幼児教育から小学校教育への円滑な移行のための幼保小連携の方策を考えていく。

1 現状と課題

子どもの小学校へのなめらかな接続を図るため、幼稚園年長後半から小学校1年生の夏休み前までの時期を「接続期」という。接続期における現状と課題を探っていく。

① 教員間の交流の有無と内容

2007（平成19）年の調査「幼小連携の現状と課題」[*2]によると、子どもと地域の人との交流では、国公立は「小学生」との交流で84.5％、私立は「中学・高校生」で67.3％である。また、教員間の交流は国公立の66.6％、私立の26.77％が実施している。全体的に国公立のほうが私立よりも小学生との交流が多いのは、設置母体となる自治体が活動を促進していることが背景にあり、私立は各々の努力義務となっている。

連携のために取り組んでいる環境整備については、幼稚園では「子ども間、教員間の連絡・コミュニケーションを図るための道具立て」が最も多いのに比べ、小学校では「交流のための時間的配慮」が最も多い。日々の活動計画について比較的自由度が高い幼稚園に対し、小学校のカリキュラムは、教科教育を中心に綿密に組まれて

---

*1 小学校に入学したばかりの1年生の問題行動が数か月継続する状態をいう。
*2 ベネッセ次世代育成研究所『これからの幼児教育を考える』ベネッセコーポレーション、2009の所収による。

おり、その中に連携活動を入れ込んでいくことに難しさを感じているようである。

② 幼・保・小の保育者や教員の意識のズレ

幼・保・小の保育者や教員が期待する「子ども像」が、それぞれ微妙に異なっているのは興味深い*。たとえば、幼稚園が最も大切にしたいと考えていたものは、「子どもの主体性」であった。具体的には「遊びや活動でリーダーシップがとれる」といった内容である。保育所の場合は、「子どもの主体性」を前提としながらも「礼儀正しさ」といった「しつけ」の面をより強く意識していた。

ところが小学校は、新入児童に対して「主体性」や「じょうずな自己主張」「積極性」などは求めず、「従順さ」と「行き届いたしつけ」を期待していた。つまり、「人の話をきちんと聞いてほしい」というわけである。

このように、幼・保・小の保育者や教員間で「求める子ども像」が微妙に違っていることが浮き彫りにされた。教員間の「意識のズレ」があるのである。

2　幼保小連携の必要性

幼保小連携の必要性として次の三点があげられる。

34

① 発達の連続性に基づく子ども理解：生育面での「発達」、経験や遊びからの「学び」を含んだ子ども理解の必要がある。

② 子どもの学び方への理解：幼児期の学びは、自分の興味・関心から出てきたものである。これを基礎にしながら、少しずつ抽象的な思考力や課題を受けとめる力が芽生えてくる。このような子どもの学び方の発達をわきまえた上で、教師はカリキュラムを組み立てる必要がある。

③ 学校生活への適応：子どもの不安部分を軽減する意味で、先行経験としての幼稚園・保育所の園生活の実態を知る必要がある。それにより、新入児童の小学校へのスムーズな適応が実現できるのである。

小学校へのスムーズな連携をするために、何か子どもに身につけさせたいことがあれば、一斉授業のようなスタイルではなく「興味・関心」をもたせる活動や子どもへの声かけを工夫することが求められる。小学校教育へつなげる力として、①目的をもって友達と工夫しながら楽しく遊ぶ力、②「〜したい」と思うことを友達とのかかわりの中で取り組む自主性、③相手意識から仲間意識をもつ力、がある。

そんな中、筆者の園では年長児の10月、「本となかよし」という活動がある。保育の場面（環境設定）として、地域の図書館の存在は大きいからである。地域の図書館へ出かけて雰囲気を味わいながら、図書館の職員の話を聞く。そして最後にたくさんある本の中から自分の1冊を選んで借りる。個々の好きな絵本を読み、また、友達の絵本に関心をもち、そして楽しく絵本紹介をする。この経験は本に親しみ、「もっと絵本を読みたい！」とい

＊ 高田教育研究会編『教育創造』137号』2001年3月号の所収による。

う意欲を引き出し、ゆくゆくは小学校の国語科の読書の学びにつながる。

このほかにも園では年長児ならではの活動を取り入れ、たとえば道具や材料を使っておもちゃをつくるといった活動も小学校では図画工作科となる。幼児教育はすべてに通じるのである。こうした小学校へつなげるための力を育み、小学校生活で生かすための情操教育、いわゆる道徳はどのように位置づけられているのだろうか。

③ 私立学校における宗教的情操教育

本論で宗教的情操教育とは、特定の宗教を問わず、崇高なる大いなる自然に対する畏敬の念、畏怖の念を育む教育をさす。

つまり「宗教的情操教育」とは、宗教の教えに即して「敬虔（けいけん）な気持ち」を育てることといえる。「情操」とは、高尚な心の働きによって生ずる感情であり、自分とい

ものを離れてほかのことを考える大きな心である。その働きから生じる感情とは、「やさしい心」「あたたかい心」「思いやりの心」である。この自覚は、広く道徳の問題でもあり、この意味で宗教教育が道徳教育の基礎でもあると考えられる。

このように「広義の意味での宗教的情操」は、「道徳等」の中で教えることができるという見解もある。

また、学校教育法施行規則第4章第2節50条2には、「私立の小学校の教育課程を編成する場合は、前項の規定にかかわらず、宗教を加えることができる。この場合においては、宗教をもって前項の道徳に代えることができる」とされている。さらに、小学校学習指導要領では「道徳教育の目標は、…（中略）…学校の教育活動の全体を通じて、道徳的な心情、判断力、実践意欲と態度などの道徳性を養うこととする。道徳の時間においては…（中略）…計画的、発展的な指導によってこれを補充、深化統合し、道徳的価値の自覚及び自己の生き方についての考えを深め、道徳的実践力を育成するものとする」とあり、週に1回の道徳の時間が設けられている。

道徳的実践力とは、人間としてよりよく生きていく力をいう。徐々にそして着実に養われることによって、潜在的に持続的な作用をおよぼすものであるだけに、長期的かつ丹念な指導がなされなければならない。

文部科学省は2015（平成27）年3月、小中学校の道徳について新たな学習指導要領を告示した。前年10月の中教審の答申では、現在「教科」ではなく「領域」とされている道徳について、①「特別の教科」と位置づける　②数値による評価はしないものの文章で評価を記述する　③他の教科と同じように国の検定を受けた教科書を導入する、の3点が盛り込まれている。こうした背景には元来、道徳が正式な教科とされなかったためになおざりに扱われたり、授業が別の教科に流用されたりする問題があったことがあげられる。

また、2008（平成20）年の幼稚園教育要領では、道徳性にかかわる具体的な内容は、領域「健康」と領域

「人間関係」にわたって述べられている。まず、領域「健康」においては、「幼稚園における生活の仕方を知り、自分たちで生活の場を整えながら見通しをもって行動する」とあり、「内容の取扱い」には「心と体の健康は、相互に密接な関連があるものであることを踏まえ、幼児が教師や他の幼児との温かい触れ合いの中で自己の存在感や充実感を味わうことなどを基盤として、しなやかな心と体の発達を促すこと」とされている。

領域「人間関係」には「道徳性」にかかわる項目が多い。「ねらい」には「身近な人と親しみ、かかわりを深め、愛情や信頼感をもつ」「社会生活における望ましい習慣や態度を身に付ける」があげられ、「内容」には、「友達と積極的にかかわりながら喜びや悲しみを共感し合う」「よいことや悪いことがあることに気付き、考えながら行動する」や「友達と楽しく生活する中できまりの大切さに気付き、守ろうとする」などがある。さらに「内容の取り扱い」の「道徳性の芽生えを培うに当たっては、基本的な生活習慣の形成を図るとともに、幼児が他の幼児とのかかわりの中で他人の存在に気付き、相手を尊重する気持ちをもって行動できるようにし、…（中略）…特に、人に対する信頼感や思いやりの気持ちは、葛藤やつまずきをも体験し、それらを乗り越えることにより次第に芽生えてくることに配慮すること」とされている。

このように、幼児期から児童期への教育は幼児期の生活経験と学びが学校教育の基盤となっている。園での生活は学びとともに道徳性の芽生えも育む。よいことや規則を守ることは知識として言葉で学習するのではない。日々の生活での競ったり、協力したり、ときには争う経験をし、よろこんだり、悲しんだり、怒ったりという感情を体験していく。園という物的環境、友達や保育者という人的環境など、子どもを取り巻くすべてが道徳性を育むのである。

そして、筆者の園で重んじていることは、幼児期は人格を形成するもっとも大切な時期であるということであ

る。つまり、人間の基礎となる部分を育てることである。健康で元気に過ごせることに感謝ができる環境があれば、「やさしい心」「あたたかい心」「思いやりの心」は自然と身についていくものである。小中学校における道徳の教科化にはメリットもデメリットもあり、いまだ議論の余地はある。だが、正しい道徳を教えるためには、教える側が優れた道徳を身につけていることが大事であることは言うまでもない。

４ 幼保小連携における言語活動

絵本の読み聞かせとは異なるが子どもの興味や関心を抱かせるものとして「パネルシアター」がある。そもそもパネルシアターとは、１９７３（昭和48）年に浄土宗西光寺の住職、古宇田亮順によって創案され、以来、幼稚園・保育所・小学校などの保育・教育現場を中心に実演が広まった。もともと仏教の説法の道具として用いられていたという経緯もある。

パネルシアターは、自分の好きな話や歌に合わせて気軽に演じることができ、聞き手との距離感もない。何よりも、楽しい雰囲気の中で、知識を深めたり、情操を育むことができ、教育的効果も高い。

具体的には、布を巻いた大きな板（パネル板）の上に、Ｐペーパーという不織布の絵人形を貼ったりはがしたり、さらには裏返したりしながら展開する。歌に合わせて動かしたり、クイズを出したり、手品のようなしかけで驚かせたりと、演じ手と子どもたちが、一体となって楽しめるのものである。

次に特長をまとめると、

- 大人も一緒に楽しむことができる。
- 一人でも気軽に演じることができる。
- 演じ手と観客との距離感がなく、親しみがもてる。
- 相手の表情を見ながら、話しの速さ、アドリブを生かし自然体で話すことができる。
- 音楽やダンスと合わせて行うなど、幅広く演じることができる。

などであろう。

　一方、パネルシアターにブラックライトを取り入れたのが、「ブラックパネルシアター」である。ブラックライトの光は、黒色には反応がなく、ほかの色彩にあてると蛍光色に発光するという特性をもっている。この特性を利用し、黒いパネル布を貼ったボードを舞台にする。その舞台に、蛍光絵の具で色を塗ってつくった絵人形を貼ったりはがしたり、裏返したり、あちらこちらへ動かしながら演じる。部屋を暗くして、ブラックライトを照らすことで、蛍光カラーの絵人形が色鮮やかに浮かびあがってくる様子は、幻想的で大人も思わず身を乗り出すほど見応えがあり観ている者に感動をもたらす。そして舞台をより鮮明にみるためには、部屋を真っ暗にしなければならないため、暗闇に慣れない子どもが怖がらないように前もって言葉かけをしておくなどの配慮が必要である。また、演じ手はブラックライトに反応しないよう黒系の服装で臨むとよい。

　光が浮かびあがるような演出のため、七夕やクリスマスなどの光が効果的な話で用いられることが多い。部分指導計画「おばけなんてないさ」（図表3-1　次ページ参照）は、おばけのブラックパネルシアターである。

◎図表３−１　部分指導計画　ブラックパネルシアター　『おばけなんてないさ』

実施日：平成25年11月22日（金）
対象児：４歳児　男18名　女18名　計36名
ねらい：パネルシアターに親しむ。
　　　　友達や保育者とイメージを共有する楽しみを味わう。

時　間	環境構成	予想される子どもの活動	保育者の指導・留意点
13:40	・パネルシアター用ステージ ・パネルボード ・ブラックライト ・Ｐペーパー ・パネルシアター「おばけなんてないさ」	・起立する。 ・うた「おばけなんてないさ」を歌う。 　作詩：槇みのり 　作曲：峰陽	・うた「おばけなんてないさ」の伴奏をする。 ・歌詞を先導し伝えながら歌う。 ・楽しい雰囲気で歌う。
13:45	・服装は黒っぽいものを着用する。 ・部屋の明かりを消し、暗くする。	・パネルシアター「おばけなんてないさ」を見る。 　構成：月下和恵 　絵　：せきしいずみ ・保育者の問いかけに答える。 ・おばけの名前を口々にする。 「フランケンシュタイン、ドラキュラ」など	・パネルボードに向かって右側に立つ。 ・ボードをふさがない。 ・パネルシアター「おばけなんてないさ」を演じる。 ・問いかけ、幼児の反応を見ながら進めていく。 ・怖くなりすぎないよう、ユーモアをまじえる。 ・最後の場面では驚きを誘うように、間をあけて演じる。
14:00	・部屋の明かりをつける。	・感想を話す。 「おばけと友達になれそう」 「少し怖かった」	・活動のまとめをする。 ・２種類のおばけの話を振り返る。

◎図表3-2 おばけなんてないさの冒頭部分

うた・おはなし	演じ方
① 夜、ひとりぼっちでいると何でもないものがおばけに見えることがない？ 怖い、怖いと思っていると、みんなおばけに見えちゃう。	男の子を出す（あらかじめ顔とパジャマをセットしておく）。窓を出す。
② ♪おばけなんて　ないさ ♪おばけなんて　うそさ	Tシャツ・電気スタンドを出す。
③ ♪寝ぼけたひとが ♪みまちがえたのさ	窓を裏返す（目になる）。
④ ♪だけどちょっと ♪だけどちょっと ♪ぼくだってこわいな ♪おばけなんて　ないさ ♪おばけなんて　うそさ	Tシャツ・電気スタンドを裏返す。 （おばけになる） ※間奏の間に窓・Tシャツ・電気スタンドを元に戻す。

図表3-2 おばけなんてないさの冒頭部分。

おばけといっても「おばけなんてないさ」の曲に合わせて「おばけなんてないさ、おばけなんてうそさ」と歌いながら進めていく。親しみのあるコミカルな内容で子どもたちは夢中になってその世界に入り込むことができる。「おばけとともだちになれそう」「もっとおばけいないの」といった反応が口々にされ、その活動の充実を物語っている（図表3-2　おばけなんてないさの冒頭部分）。

先に述べたように、パネルシアターは教育的効果が高く、手軽に用いられるのだが、小学校の教育現場ではまだ認知度が低い。一方、紙芝居は図書館に豊富に置いてあり、手に入れやすい。筆者は以前、小学校2年生の朝

の時間に「十五夜」の紙芝居を行った。読み聞かせに子どもの年齢は関係ないことを物語るかのように、ざわついていた教室は静かになり、皆真剣に聞き入っていた。この紙芝居では十五夜の由来を楽しく学ぶことができ、子どもたちの学習意欲もかきたてられたようである。パネルシアターや紙芝居といった教材を授業の導入や活動の展開にもっと用いてはいかがだろうか。必ず子どもの心をつかむであろう。

演じ手、読み手の明るい表情に接しながら、絵や演技に助けられその世界観へと入っていく経験。そして驚きや不思議さの中にも、布や紙といった素材の柔らかさ、やさしさの上で展開される安心感。このような教材の可能性を最大限に利用し、子どもだけでなく保育者自身が得た感動や達成感を日々の保育に生かし、子どもたちに還元していきたいものである。

5 幼保小連携を充実させるために

幼稚園や保育所においては、それぞれの保育を充実する一方で、小学校につながる教育内容を明確にし、その面での発達を促していく必要がある。

年長児の後半になると、子どもたちは小学校への期待を膨らませ、園の中での一番年上であるという自覚が芽生えてくる。保育者は子どもたちの育ちを確認しつつ、小学校での生活を意識し、その基盤をつくる保育を展開していかなければならない。そのために「アプローチカリキュラム」(図表3-3　44～45ページを参照)を編成する必要がある。

1月～3月		就学までに身につけさせたい力
◎入学への期待をもち、園生活を振り返りながら、卒園に向けた行事に主体的に参加する ◎時間の見通しをもって行動し、規則正しい生活をする ◎様々な食べ物への興味・関心をもち、バランスの良い食事を心がけようとする	生活する力	【身の回りの始末】着替えや整理整頓を最後まで自分でしようとする 【1日の生活過程】1日の時間の見通しをもって生活する 【コミュニケーション】思いを伝えたり、質問したりしようとする 【生活習慣の確立】基本的な生活習慣を身につける 【聴く力】話す人の方を見て聞き取ろうとする 【言葉への興味・関心】言葉を通じて想像したり、表現したりする楽しさを味わおうとする
◎季節の変化に気付きながら積極的にあそぶ ◎気持ちを伝え合う手段の広がりに自信をもつ ◎経験や考えを道筋立てて話したり、文章で書いたり、動作化したりして多様に表現する ◎絵本の色々な音読方法を友だちと楽しむ ◎異年齢クラスや同学年グループの友だちと一緒に共通の目的をもち、達成感をあじわう ◎誰とでも、心を込めて気持ちよく挨拶をする ◎家や地域の人々の前で、言葉や行動で表現することを楽しんで認められ、自信をもつ	聴く力・学ぶ力	【ものへの興味・関心】五感を使った遊びを通して感じたり、考えたりする 【表現】全身を使って、表現を楽しもうとする
◆心が通い合う挨拶（友だち同士、出会った人） ◆手紙を書こう（小学生に聞いてみたいこと） ◆氷づくり　◆散歩　◆時間割ごっこ ◆劇あそび　◆ペープサートの表現遊び ◆楽器あそび　◆音読をする	集団の力	【規範意識】遊びをする中で、ルールを守ろうとする 【目的の共有・協力】共通の目的に向かって協力しやりとげようとする 【友だちとの関係づくり】相談したり、互いに折り合いをつけたりする 【自己肯定感の高まり】経験の喜びを分かち合う
○生活習慣の自立について個々の様子を観察 ○交通などを通じて小学校への関心を高める ○正確に相手に伝わる表現方法を意識させる ○役割を果たす過程を認め、力を合わせたことや達成したことの満足感を味わわせる ○時間割表を用い、ゲーム感覚で親しませる ○物語を読んだ後、シェアリングの場を増やす		
・登園準備を見守るよう保護者に協力を呼びかけ、就学準備を意識した生活が子どもに意識づけられるようにする。		

図表3-3　アプローチカリキュラムの例

期		9月~10月	11月~12月
ねらい	生活する力	◎思いを言葉や行動に表わしながら一緒に遊ぶ楽しさを味わう ◎1日の生活の流れを意識し行動する ◎秋の収穫を喜び、食と体に関心をもつ ◎箸の持ち方、鉛筆の握り方を意識して使う ◎和式・洋式トイレの使用方を意識して使う	◎育てたり、料理したものを食して喜びを味わう ◎役割を認識して、必要なことを考え行動する ◎冬の生活の仕方を知り、手洗いやうがいなどを自分から行い、健康に過ごす ◎友だちの存在を感じ、思いや行動を認め合う
	聴く力・学ぶ力	◎最後まで聞いて理解し、落ち着いて行動する ◎身近なものの大きさ、形、数量への関心を高め、生活や遊びの中で活用する ◎文字の線や形への気づき、興味を深める	◎困ったときに友だちのやり方を学んだり、教師の助言を得たりしてやり遂げる ◎標識等の形や文字に関心をもち、遊びの中で理解を深める ◎園での活動や学びを家庭でも楽しむ
	集団の力	◎異年齢児のリーダーとして自覚をもち行動したり、集団遊びを楽しんだりする ◎生活する中できまりの大切さに気付き、すすんで守ろうとする ◎挨拶を心がけ、気持ちよさを感じる	◎自分の力を発揮しながら、友だちと一緒に考えを出し合いあそびを進める ◎友だちの思いに気付きながら、共通の目的に向かって協力したり、工夫したりする ◎周囲の人に対し、自分から挨拶し自信をもつ
ねらいにつながるあそび（活動）		◆集団の挨拶（あいさつシール運動） ◆時計あそび　　◆芋掘り（観察日記） ◆食カルタあそび　◆どんぐり拾い ◆大豆挟みゲーム（書写）◆運動会ごっこ ◆ドッヂボール　◆伝承あそび	◆個人の挨拶（子ども対先生）・良いところ探し ◆料理教室　◆大掃除　◆雪合戦 ◆俳句カルタあそび　　◆自分の名前を書く ◆手作りカルタ製作（文字遊び） ◆木工の共同製作　　◆異年齢児クラス製作
配慮点環境構成		○和式トイレに興味を惹く工夫をする ○活動時間の区切りをチャイムや音楽で知らせる ○時計に印をつけたり、一日の生活日程を提示 ○文字遊びは、画数の少ない文字から親しませる ○書写の始まりに黙想し、集中する時間をつくる ○観察飼育の自由調べのための図鑑などを置く ○話し合いに入れない子の思いをくみとる	○大掃除で役割分担し、掃除の気持ちよさや整理整頓の大切さについて話し合い意識させる ○俳句の五七五調ルールを伝え言葉遊びを楽しむ ○色々な種類のカルタやトーナメント表で意欲化を図る、 ○文字や数への疑問を大切にし、一緒に考える ○一人ひとりの工夫点を褒め、自信をもたせる
家庭との連携		・個人懇談では、保護者とこれまでの育ちと就学を踏まえた取組や目標について共通理解する。また、協力をお願いし、関心を高める。	・冬休みの過ごし方について手紙を配布し、生活リズムが崩れないようにお願いする。 ・園と家庭が両立した挨拶環境を整える

アプローチカリキュラムとは、就学前の子どもがスムーズに小学校の生活や学習に適応できるようにするとともに、幼児期の学びを小学校教育につなげるために作成する、幼児期の教育終了前のカリキュラムである。ただし、子どもの「興味・関心」に基づく主体的なものでない限りは、ふさわしいとはいえない。大切なことは、保育で中心となる遊びを通して、小学校の教育内容や生活内容に「興味・関心」をもたせるような取り組みをすることである。その「興味・関心」が小学校で意欲をもって学ぶことにつながる。

幼児教育における5歳児後期は、協同性を大切にした遊びを通して、自主性や思いやりの芽を育むことを保育の軸として取り組むことが大切である。これは、小学校1学年の前期においても引き継がれていくべきである。幼稚園から小学校生活へ安心して移行し、心を開放して自分の力を精一杯表現できる学校生活や環境にするために、まずは幼稚園の環境、生活を部分的に取り入れていくようにする。

さらに、幼児教育などで育まれてきた力、試行錯誤して目的を達成しようとする力を十分生かしながら、生活科を核にしたテーマ学習や教科学習で知への興味を育んでいくことが望まれる。こうしたカリキュラムに基づく滑らかな移行が、「友達大好き、勉強大好き、学校大好き」な子どもを育てていく。幼稚園・保育所と小学校との綿密な連携こそが子どもたちの心の成長に大きな意味をもつのである。

コラム

子育ての支援と読書

　子どもが誕生して、読書や本にかかわる支援の最初の活動として、「ブックスタート」があげられる。

　「ブックスタート」とは、赤ちゃんと保護者が絵本を介してゆっくりと心ふれあう楽しいひとときをもつきっかけづくりとしてイギリスで始まり、日本全国に広がっている取り組みである。

　「赤ちゃんへの言葉かけが大事」とよく言われるように、子どもが生きていくためには「体の力」とともに「心の力」ももつけなくてはならない。絵本を使って親子がともに楽しむことで、絵本を通して心を通わせることができる。赤ちゃんは、絵本を通したふれ合いの中で、気持ちを通わすことを体験していく。大人たちは「赤ちゃんとともに生きる」喜びを感じることができるのである。

　ブックスタートは、親子の愛着形成に向けた、子育て支援の活動である。1992年、イギリスのバーミンガムで取り組みが始まった。当時のイギリスの社会情勢から、保護者への心のケアを行いたいという考えが出てきた。誰でもすぐに絵本の時間をもつことができるように、本を贈ろうという動きとなった。本に関心の無い人も対象にするため、すべての地域の赤ちゃんが対象となる「健診」を利用することになった。その場で親子に絵本との楽しい体験をしてもらいながら、地域で子育てを支援しているのだ、というメッセージを伝えられる。

　日本では、2000（平成12）年の「子ども読書年」に合わせて、世界で二番目に東京都杉並区でブックスタートが試験的に実施され、翌年には12市町村で開始された。2014（平成26）年3月現在、全国866市町村で行われている。

「分け合う、分かち合う、共にする」の考えから、「リードブック(read books)」ではなく、「シェアーブック(share books)」が、ブックスタートの目指すところである。

市町村自治体の事業として主に自治体の財源で実施され、図書館・保健センター・こども課(子育て支援課など)・住民ボランティアなどが連携して行っている。本の選定などにかかわる専門家の視点や出版界や賛助団体の協力・支援などとともに、ボランティアの存在も、ブックスタートの充実と継続の大きな力となっている。

ブックスタート以降の読書にかかわる子育て支援として、全国各地で行われている、市民グループによる「読み聞かせ」や「おはなし会」があげられる。活動の内容は、絵本の読み聞かせ、大型絵本の読み聞かせ、紙芝居、人形劇、手遊びなどである。歌や楽器とあわせて読み聞かせをするといった活動も行われている。

これには、行政や公立図書館と市民との協働や連携が必然である。図書館が、地域の読み聞かせやおはなしボランティア連絡会の開催や情報交換の場つくりなどのパイプ役として参画している事例は多い。本の団体貸し出しや、広報面(区市町村の広報や図書館だよりへの掲載・活動の紹介など)、場所(会場)や人(司書など)の提供など、図書館が子育て支援に有効に機能している。

読み聞かせやおはなし会も、「はじめて絵本のおはなし会」といった「ブックスタート」と直結するものから、未就園児対象のもの、未就学児対象のもの、「学習ボランティア事業」や「朝読書」と関連して小学校で活動しているものなど、大きく広がっている。

48

参考文献

● 第1章

- 文部科学省『幼稚園教育要領』フレーベル館、2008
- 文部科学省『幼稚園教育要領解説』フレーベル館、2008
- 厚生労働省『保育所保育指針』フレーベル館、2008
- 厚生労働省『保育所保育指針解説書』フレーベル館、2008
- 無藤隆『新幼稚園教育要項ポイントと教育活動 幼稚園』東洋館出版、2009

● 第2章

- 文部科学省『幼稚園教育要領解説』フレーベル館、2008
- 川島隆太監修、わかくさ幼稚園方式、仙台放送編集『1日10分親子の愛が深まる幼児の脳トレ遊び』小学館、2009
- 無藤隆監修『実践新幼稚園教育要領ハンドブック』学習研究社、2004
- 小林功『学校図書館入門シリーズ3 楽しい読み聞かせ改訂版』全国学校図書館協議会、2006
- 影山聖子『子どもが夢中になる絵本の読み聞かせ方』廣済堂出版、2013
- 熱海則夫監修『図書館ブックレット8 読み聞かせ ―読み聞かせは、耳からの読書です―』図書館流通センター、2003

・横山洋子『絵本の読み伝えと子どもの育ち』(2014年　全千葉県私立幼稚園連合会教員研修大会配布資料)

● 第3章
・古宇田亮順『パネルシアターを作る2』東洋文化出版、1986
・文部科学省『小学校学習指導要領解説　道徳編』東洋館出版社、2008
・酒井朗・横井紘子『保幼小連携の原理と実践　移行期の子どもへの支援』ミネルヴァ書房、2011
・藤田佳子「古宇田亮順のパネルシアター作品の分析（1）」『淑徳短期大学研究紀要』淑徳短期大学、第51号、2012、151〜166ページ
・鈴木晋怜「子弟養成における宗教的情操教育のあり方」『現代密教』智山伝法院、第25号、2014、17〜30ページ

● コラム
・ベネッセ次世代研究所『これからの幼児教育を考える』ベネッセコーポレーション、2009
・NPOブックスタートホームページ「NPOブックスタート」http://bookstart.or.jp/（2014年12月3日アクセス）

第2部

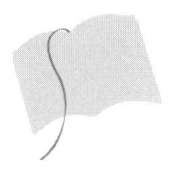

小学校教育の読書の位置づけの確認

第4章

Instruction of reading

小学校学習指導要領における読書について

小学校における読書の指導について考察する。調べ学習・学校図書館学習などをも広く視野に入れつつ文部科学省『小学校学習指導要領第2章第1節 国語』と『小学校学習指導要領解説 国語編』をふまえて述べていくことにする。

1 段階的な読書の指導

2008（平成20）年1月17日の中央教育審議会答申「幼稚園、小学校、中学校、高等学校及び特別支援学校の学習指導要領等の改善について」の中で、学校教育における読書の扱いについては、次のように指摘している。

読書の指導については、読書に親しみ、ものの見方、感じ方、考え方を広げたり深めたりするため、読書活動を内容に位置付ける。教材については、我が国において継承されてきた言語文化に親しむことができるよう、長く読まれている古典や近代以降の作品などを、子どもたちの発達の段階に応じて取り上げるようにする。⑴

ここには読書の指導のあるべき方向性が示されている。これを受けて国語に関する「改善の具体的事項」が、各学校段階に分けて述べられている。さらに小学校学習指導要領の改訂の要点「（6）読書活動の充実」では、次のように記されている。

（6）読書の指導については、目的に応じて本や文章などを選んで読んだり、それらを活用して自分の考えを記述したりすることを重視して改善を図っている。また、日常的に読書に親しむために、学校図書館を計画的に利用し必要な本や文章などを選ぶことができるように指導することも重視している。⑵

第4章 53 小学校学習指導要領における読書について

ここでは「目的に応じて本や文章などを選んで読んだり、それらを活用して自分の考えを記述したりすること」というような「読むこと」や「書くこと」との関連が示されている。読書の指導は、そのような学習領域との相互関連を伴うということである。

また、「(2) 学習過程の明確化」の中で、「読むこと」では、音読や解釈、自分の考えの形成及び交流、目的に応じた読書という学習過程を示している」とあり、音声化をも視野に入れた幅の広い読みを提案している。「目的に応じた読書」は、「話すこと・聞くこと」も含む指導を用いることによって有効性を発揮するといえよう。

たとえば、より詳しく「読むこと」に関しては、次のように読書の必要性が述べられている。

低学年では、楽しんだり知恵を得たりするために、本や文章を選んで読むこと、中学年では、目的に応じて、いろいろな本や文章を選んで読むこと、高学年では、目的に応じて、複数の本や文章などを選ん

つまり、小学校の低学年から高学年に対応して、段階的な内容を設定していることがわかる。

2 指導事項と言語活動の扱い

次に主として読書に関連する「読むこと」の領域における指導事項解説に目を向けたい。先に読書にかかわる指導事項を抽出し、次に各言語活動例の文言を記す。なお、ここでは「伝統的な言語文化と国語の特質に関する事項」は省いた。

① 低学年の場合

第1学年および第2学年の「C読むこと」の「目的に応じた読書に関する指導事項」は、

カ　楽しんだり知識を得たりするために、本や文章を選んで読むこと。

とされている。

低学年においても、読む目的を意識して本や文章を選び、読書活動に関する見通しをもって取り組ませる必要がある。なお、入門期においては、やさしい読み物の読み聞かせやストーリーテリングなどを聞くことを通して、読書に興味をもつようにすることが考えられる。

第1学年および第2学年の「C読むこと」の「言語活動例」には、次のように示されている。

ア 本や文章を楽しんだり、想像を広げたりしながら読むこと。
イ 物語の読み聞かせを聞いたり、物語を演じたりすること。
ウ 事物の仕組みなどについて説明した本や文章を読むこと。
エ 物語や、科学的なことについて書いた本や文章を読んで、感想を書くこと。
オ 読んだ本について、好きなところを紹介すること。

ここに見るように、「読み聞かせ」「ストーリーテリング」という聞くことによる読書が示されている。この段階の子どもには、音声による読書が有効であるので、子どもたちの興味や関心を常に喚起することが肝要である。

② 中学年の場合

第3学年および第4学年の「C読むこと」の「目的に応じた読書に関する指導事項」は、

56

カ　目的に応じて、本や文章を選んで読むこと。

とされている。

　低学年の「カ　楽しんだり知識を得たりするために、本や文章を選んで読むこと。」を受けて、多様な目的に応じていろいろな分野の本や文章を読むことを示している。
　目的としては、楽しむことや調べること以外に、読みたい内容を絞って読む、書き手を絞って読むなどが考えられる。ここでは、読書の範囲を広げるために、学校図書館などの施設の利用方法を学び、図書を紹介するブックトークなどの活動や読書案内、新刊紹介などを積極的に利用する態度を養うことが必要になる。
　また、友達同士でおもしろかった本の紹介をし合ったり、同じ題材の本を交換して読んだりするなど、読書への関心を高め、学級における子どもの読書生活を整えるようにすることが大切である。
　第3学年および第4学年の「C読むこと」の「言語活動例」には、次のように示されている。

　ア　物語や詩を読み、感想を述べ合うこと。
　イ　記録や報告の文章、図鑑や事典などを読んで利用すること。
　ウ　記録や報告の文章を読んでまとめたものを読み合うこと。
　エ　紹介したい本を取り上げて説明すること。
　オ　必要な情報を得るために、読んだ内容に関連した他の本や文章などを読むこと。⑤

このように、「ブックトーク」や「紹介」という話し言葉の指導とつながる展開が多様な文章を材料としながら示される。読書の存在が重要なことを示す。

③ 高学年の場合

第5学年および第6学年の「C読むこと」の「目的に応じた読書に関する指導事項」は、

　カ　目的に応じて、複数の本や文章を選んで比べて読むこと。

とされている。

高学年になると、子どもの興味・関心が多様になる。そこで、「目的に応じて、複数の本や文章などを選んで」読むことが必要となる。「複数の本や文章」とは、1冊の本や一編の文章では、課題を解決しにくいこともある。そこで、「目的に応じて、複数の本や文章などを選んで」読むことが必要となる。「複数の本や文章」とは、同じ課題について違う筆者が執筆した本や文章、同じ書き手の本や文章などのことである。適切な本や文章を選ぶために、学校図書館やインターネットなどの利用に関する知識、情報モラルなどを身につけさせることが求められる。

第5学年および第6学年の「C読むこと」の「言語活動例」には、次のように示されている。

　ア　伝記を読み、自分の生き方について考えること。

イ 自分の課題を解決するために、意見を述べた文章や解説の文章などを利用すること。
ウ 編集の仕方や記事の書き方に注意して新聞を読むこと。
エ 選んで推薦の文章を書くこと。

ここでは、調べ学習と結びつくような指導の工夫が期待される。高学年となると指導者は年間計画を通して指導内容を伴う実践の必要が生じてこよう。

3 指導計画の扱い

では、どのような全体計画の下に、この6年間を構成したらよいのであろうか。「第4章 指導計画の作成と内容の取扱い」を参照するならば、言語活動を構造的に組むことが必要だということになる。具体的には低学年から中学年、中学年から高学年までらせんのように指導を行うことである。しかも、ほかの教科との関連性をもたせながら、階段をのぼるような構造をもつ計画である。そうすることにより、段階に応じた言語環境に配慮した

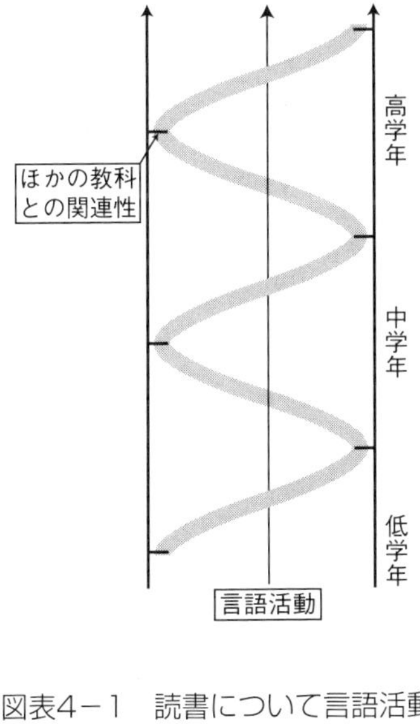

◎図表4-1　読書について言語活動のらせん構造

有意義な言葉の学習が成立する。

4 指導上の留意点

具体的な指導を展開するに際して、どのような点に留意をしたらよいであろうか。そのひとつの指針に、文部科学省のホームページ中に掲載されている質問と回答の一例はわかりやすい。

Q（小・中学校）問2－6　読書活動を充実するに当たっての留意事項について、教えてください。

A　答2－6　言語に関する能力をはぐくむに当たっては、読書活動の充実が不可欠です。国語科はもちろん、各教科等において、発達の段階を踏まえた指導のねらいを明確にし、読書活動を推進することが重要です。

小学校国語科においては、「話すこと・聞くこと」、「書くこと」及び「読むこと」の各領域の指導の中で、必要な図書資料を得ることなど、目的を明確にして学校図書館を計画的に利用し、読書活動を進めることが大切です。

また、各学年の「読むこと」には、物語や詩、伝記、説明、記録、解説などの多様な本や文章を読んで感想を述べたり考えを表現したりする言語活動例を示しています。例えば、一冊の本だけでなく、同じ主人公や作家の本やシリーズへと、児童の読書範囲が広がるよう工夫して指導することが求められます。こ

60

のような言語活動を通して、本の題名や種類などに着目したり、索引を利用して検索をしたりするなどにより、児童自ら必要な本や資料を選ぶことができるように指導する必要があります。(7)

ここでは教室での具体的な内容を想定されている。たとえば、教科書教材を用いて、そこから広がる読書へと結びつく。広い意味での読書の指導が、調べ学習や図書館の学習と結びつくことの指摘をしている。読書は、教室での話題や話し合いの土壌を生む広がりをもっている。それだけに、指導にあたっては、多様な指導を模索することが求められる。

引用文献

（1）文部科学省『小学校学習指導要領解説国語編』東洋館出版社、2008、4ページ
（2）同書、8ページ
（3）同書、21ページ
（4）同書、41ページ
（5）同書、66ページ
（6）同書、91ページ
（7）文部科学省ホームページ「新学習指導要領・生きる力Q&A」http://www.mext.go.jp/a_menu/shotou/new-cs/qa/02.htm（2014年12月8日アクセス）

第5章 教材と読書の指導

　読書の指導は、具体的にどのような教材で、どのように行うのだろうか。教材と読書指導について、低学年・中学年・高学年の２学年ごとに見ていこう。それぞれひとつの単元を取りあげて、読書活動の内容や学習指導要領との関連などを考え、次いで、読書活動と結びつきの強い教材をあげていく。最後に、図書館の利用の仕方について、情報検索と活用、読書発表会などを含め、主な教科書教材について述べる。

　なお、ここでは2011（平成23）年度版国語教科書（光村図書、教育出版、学校図書発行）を、2012〜14（平成24〜26）年度の訂正を踏まえて取りあげた。

1 読書活動と教材

国語科の授業に読書活動を取り入れることで、子どもたちの言語力を高めるとともに、日常の読書の活発化を図ることができる。読書活動の取り入れ方として、たとえば、次のような3つの形が考えられる。「①教科書教材を読書活動に取り入れる」「②教科書教材を読むことの学習の後に、読みを広げたり深めたりする読書活動を取り入れる」「③読むことの学習のまとめとして表現活動などの読書活動を行う」

こうした視点からみると、教科書には、読書に対する意欲を高め、読書の幅を広げ、読書を通して思考力や想像力を養うため、読書にかかわる言語活動が明確に示されている教材がたくさん掲載されている。

読書活動の位置づけで多いのは、単元の「手引き」などで読解などの学習に関連した本を紹介し、さまざまな角度で、読書を広げられるようにするものである。また、特設教材や小単元（「本は友達」「本を読もう」など）を設け、読書に対する自覚を高め、生涯にわたって本に親しむ素地をつくろうとするものもある。本を紹介するのには、表紙などの写真を掲載したり、簡潔な紹介文を載せたりして、本を読みたいという意欲を高める工夫がされている。

図書館の利用の仕方や、パソコンなどの機器を使用して情報を検索するインターネットの活用の仕方を学ぶ教材も、各学年の教科書に位置づけられている。目的に応じて読書し、読書を通した交流をするなどして、読書生活を高めていこうとするものである。

2 低学年の教材と読書の指導

1 読書活動の単元例——本で心のつながりを読む（第2学年）

・単元名　読んで、好きなところを紹介しよう

・教材名　お手紙（光村図書二年下）

・目　標
　○かえるくんとがまくん、二人の登場人物の気持ちを思いうかべながら読む（読—ウ）。*(1)
　○場面の様子について想像を広げながら、音読劇を楽しむ（読—ア）(2)。
　○友達をテーマにした本を選んで読む（読—カ）(3)。

・指導計画（全8時間）

1　全文を読み、登場人物とあらすじをつかみ、おもしろいところを見つける。好きなところを紹介する。新出漢字・重要語句の学習。……………1時間

2　「お手紙」の場面ごとの様子や登場人物の気持ちを思いうかべながら読む。………………2時間

3　読みたい部分を決め、声と簡単な体の動きとで、音読劇をする。………………2時間

4　友達をテーマにした本を選んで読み、好きなところを紹介するなどして、感想を伝え合う。………2時間

64

・読書指導のポイント

楽しんで読むためには、物語に描かれている世界を想像豊かに読むことが必要となる。読んで思ったことや考えたことを音読劇などの音読発表会や感想の発表などを通して交流し合う読書活動を行うことは、楽しんだり想像したりするために有効である（言語活動例　ア、イ）。

読んだ本について、好きなところを紹介する言語活動は、人に紹介することによって作品に対する思いを深められる。紹介することを通して、自らの言語生活を豊かにするとともに、紹介する相手と、本を読みたい気持ちを共有して読書の輪を広げていくことができる（言語活動例　オ）。教師に紹介された本や図書館の本から選んで読んで、好きなところを伝え合うようにさせる。「一口感想」のように、簡単なスピーチをする場を設けたり、「読

　＊本文中の「読─ウ」「話・聞─ウ」「書─ウ」は、学習指導要領の内容「C読むこと（1）のウ」「A話すこと・聞くこと（1）のウ」「B書くこと（1）のウ」という意味である。章末に引用文献を収録してあるので、必要に応じて参照してほしい。

書カード」や「紹介カード」に書かせて掲示し、読み合えるようにしたりするといった工夫をするとよい。

② 読書活動と関連する教材

・**言語活動例　イ**　物語の読み聞かせを聞いたり、物語を演じたりすること。

「昔のお話を楽しむ　かさこじぞう」（教育出版二年下）

「かさこじぞう」を、役を決めて音読する。昔話を探して読み、友達に紹介する。

・**言語活動例　ウ**　事物の仕組みなどについて説明した本や文章を読むこと。

「読んで、説明のしかたを考えよう　しかけカードの作り方」（光村図書二年下）

教材文を読んで、しかけカードをつくる。わかりやすく説明するための工夫を読み取る。何かのつくり方や使い方、遊び方が書いてある本を読んで、説明の工夫を見つける。

・**言語活動例　オ**　読んだ本について、好きなところを紹介する。

「本はともだち　ずうっと、ずっと、大すきだよ」（光村図書一年下）

教材文を読んで、登場人物に言葉かけをする。好きな本やおもしろかった本をカードに書いて、友達に知らせる。みんなのカードをつなげて「おはなしれっしゃ」をつくる。

3 中学年の教材と読書の指導

①読書活動の単元例──食べ物の秘密を本で調べる（第３学年）

- **単元名** 「食べ物パワー発見」──大事なことを読み取り、調べたことを発表し合おう
- **教材名** すがたをかえる大豆 食べ物のひみつを教えます（光村図書三年下）
- **目標**
  ○段落相互の関係を考え、中心となる語や文をとらえて、説明的な文章を読む（読─イ④）。
  ○調べたい食べ物を決め、調べるために本を選んで読む（読─カ⑤）。
  ○読み取ったことや調べたことをもとにして、食べ物の特性や力について発表し合う（話・聞─ウ・エ⑥）。
- **指導計画（全15時間）**
  1 「すがたをかえる大豆」を読んで、文章構成についてまとめる。……６時間
  2 食べ物について、調べる題材を決め、情報を集めてまとめ「食べ物パワー発見」発表会をする。……９時間
- **読書指導のポイント**
  観察や調査したことなどを記録したり報告したりした文章や、図鑑や事典など、課題を解決しようと調べるの

に必要な本や文章を読んで利用する言語活動である（言語活動例　イ）。また、必要な情報を得るために、読んだ内容に関連したほかの本や文章などを取りあげて読む言語活動である（言語活動例　オ）。

「すがたをかえる大豆」で身近な食べ物「大豆」のもつ力、食べ方の多様さ、利用の仕方を工夫してきた人間の知恵などを読み、ほかの食べ物についても調べてみたいという意欲を高める。

「食べ物のひみつを教えます」では、いろいろな食品に姿を変えて食べられている材料からひとつを選んで、どんな工夫がされて、どんな食品に姿を変えているのか、例をあげて説明する文章を書こうと投げかけている。そして、「食べ物について書かれた本を読もう」として、それらの材料に関係した本を紹介している。学年に適した本を集めて「食べ物パワーコーナー」などをつくって展示し、子どもがすぐ手に取れるように配慮するとよい。

② 読書活動と関連する教材

・言語活動例　イ　記録や報告の文章、図鑑や事典などを読んで利用すること。

「生き物のとくちょうを説明しよう」(教育出版三年下)

図鑑や事典なども使って調べて、生き物の特徴を説明する文章を書く。

・言語活動例　ウ　記録や報告の文章を読んでまとめたものを読み合うこと。

「読んで、自分の感想をまとめよう　大きな力を出す　動いて、考えて、また動く　本は友達」(光村図書四年上)

工夫して、自分の求める答えを探し出した人のことが書かれた本を読んで、自分の考えをまとめる。

・言語活動例　エ　紹介したい本を取り上げて説明すること

「科学読み物をしょうかいしよう　ウナギのなぞを追って」(光村図書四年下)

目的にそって教材文を詳しく読み、興味をもったところを中心に、内容を要約し、紹介する。科学読み物を読んで、筆者とともに生き物の謎に迫る。

・言語活動例　オ　必要な情報を得るために、読んだ内容に関連した他の本や文章などを読む。

「調べて発表しよう　だれもがかかわり合えるように」(光村図書四年上)

資料「手と心で読む」を読んで、自分の課題をもつ。課題を解決するために調べ、まとめて、発表し合う。

4 高学年の教材と読書の指導

① 読書活動の単元例──人物の願いや思いを読み取ろう（第6学年）

- **単元名** 伝記を読んで自分の生き方を考えよう
- **教材名** 子供は「未来人」──手塚漫画にこめられた願い──（学校図書六年上）
- **目　標** ○伝記を読んでその人の生き方をまとめ、主題や作者の願いをもとにして、自分の生き方を考える（読─オ）。

○伝記を読んで、内容をまとめたり、考えたことを推薦文に書いたりする（書─ウ）。

- **指導計画（全7時間）**
  1. 「子供は『未来人』」を読んで、手塚治虫の生き方について考えをまとめ、話し合う。………4時間
  2. 取りあげられた人物の生き方や人生等を描いた伝記を読んで、推薦文を書き、紹介し合う。………3時間

- **読書指導のポイント**

伝記を読み、自分の生き方について考える言語活動である（言語活動例　ア）。教材文を読んで手塚治虫の生い立ちや業績を知り、身近に存在する漫画の中にどのようなメッセージが込められ、どのように描き出されてきたのかを知ることは、驚きとともに、親しみを深めていくことになり、伝記への関心を高めることにもなる。

70

さらに、ほかの人の伝記を選んで読み、「伝記カード」を書いたり、推薦文や「おすすめカード」を書いたりして、友達と紹介し合うことにより、自分の生き方について考えさせ、今後の読書生活が、より豊かになるようにさせる。

推薦文を書く過程では、伝記に描かれた人物の行動や生き方と、自分の経験や考えなどの共通点や相違点を見つけ、共感するところや取り入れたいところなどを中心に考えをまとめるさせる。また、自分がほかの人に勧めたいと思う人物の伝記を取りあげ、そのよさが多くの人に伝わるように書かせる。推薦するためには、その事物についてよく認識する必要がある。理由や根拠を明確にすること、ほかのものと比較してよさをとらえること、本を読んで思ったことや考えたことを簡潔に伝えることなどに留意させ、相手意識をもって書くように指導する。

② 読書活動と関連する教材

・**言語活動例　イ**　自分の課題を解決するために、意見を述べた文章や解説の文章などを利用すること。

「情報を深める　日本語をコンピューターで書き表す　学んだことを生かして調べよう」（教育出版六年上）

コンピューターで日本語を書く技術の足跡や工夫についての文章を読む。課題を決めて、必要な資料を利用して調べる。報告文にまとめ、多くの人に知ってもらう。

・**言語活動例　ウ**　編集の仕方や記事の書き方に注意して新聞を読むこと。

「新聞を読もう」（光村図書五年）

新聞の編集の仕方や記事の書き方に目を向け、新聞の特色を知り、よさやおもしろさを見つけて生活や学習の中に取り入れていく。

・**言語活動例　エ**　本を読んで推薦の文章を書くこと。

「本の世界を深める　『読書すいせん会』を開こう」（教育出版五年下）

テーマを決め、教室にコーナーをつくってポスターやポップなどで本を紹介する。「読書すいせん会」を開く。

5 図書館の利用についての教材と指導

1 低学年の図書館指導

入門期には、学校図書館の様子を知り、図書館に親しみ、図書館の利用や、図書館に慣れることから始める。「本を読みましょう」（教育出版一年上）では、図書館の設備や備品、図書館の利用の様子が、絵と簡単な文で表されている。本を探す、一人で読む、二人で読む、本を見せ合う、紙芝居をしてもらうなどの活動の様子が分かる（読―カ）。

第2学年では、「図書館探偵団」になって図書館地図をつくり、地図を手がかりに本を探す教材がある（「きみたちは、『図書館たんていだん』」光村図書二年下）。読書記録や読書計画については、学年に応じた形で、低学年から取りあげられている。「お話日記」「おすすめの本の紹介」「お話列車」「読書カード」「読書記録」「読書掲示板」などである。読書生活を振り返り、身につけた読む力を、読書生活に生かしていこうとする態度を養うようにする（読―オ・カ）。

2 中学年の図書館指導

中学年では、読書の範囲を広げるために、学校図書館などの施設の利用方法を学び、ブックトークなどの活動

③ 高学年の図書館指導

　高学年では、読書を日常的に行う生活をつくっていくために、本に限らず、新聞や雑誌、パンフレット、インターネットのホームページなど、さまざまな資料やメディアを活用できるよう工夫する。また、学校図書館や公共図書館などとのネットワークを活用し、読書環境を整備して読書生活を高めていくように配慮する（読－カ）。

　「わたしたちの『図書館改造』提案」（光村図書五年）では、学校の図書館をもっと魅力的なものにするための提案書を書く活動を指導する。本の伝言板、ポスター・本の帯などによる本の紹介、ブックトークなどが例示されている。「わたしと本」（光村図書六年）では、自分にとって本はどんな存在か、本からどんなことを得てきたのかを考え、自分と本とのかかわりについて文章にまとめさせるが、これが小学校での読書生活の振り返りの総まとめとなる。

　「本は友だち　さあ、図書館へ行こう」（光村図書三年上）では、図書館で工夫されていることを知って、本のつくりや構成、目次や索引について知らせ、調べるときの手がかりとさせる。「本の仕組みを知ろう」（教育出版三年上）では、図鑑や事典などが活用できるようにする。「じょうほうけいじ板』をつくろう」（教育出版四年上）では、十進分類法とラベルの請求記号を活用して調べたことや考えたことなどを「情報掲示板」に貼り、知らせ合う活動をさせる。「『読書発表会』をしよう」（教育出版四年下）では、ブックトークの仕方を知り、テーマを決めて本を何冊かずつ選び、読書発表会をさせる。

　高学年では、読書を日常的に行う生活をつくっていくために、本に限らず、取り組む。読書案内などを積極的に利用する態度を養い、本の紹介をし合うなど読書生活を整える（読－カ）。選び方について考えさせる。

引用文献

(1)『小学校学習指導要領』第2章第1節　国語　第2　各学年の目標及び内容〔第1学年及び第2学年〕C　読むこと　(1) 読むことの能力を育てるため、次の事項について指導する。　ウ　場面の様子について、登場人物の行動を中心に想像を広げながら読むこと。

(2) 前記 (1)、ア　語のまとまりや言葉の響きなどに気を付けて音読すること。

(3) 前記 (1)、カ　楽しんだり知識を得たりするために、本や文章を選んで読むこと。

(4)『小学校学習指導要領』第2章第1節　国語　第2　各学年の目標及び内容〔第3学年及び第4学年〕C　読むこと　(1) 読むことの能力を育てるため、次の事項について指導する。　イ　目的に応じて、中心となる語や文をとらえて段落相互の関係や事実と意見との関係を考え、文章を読むこと。

(5) 前記 (4)、カ　目的に応じて、いろいろな本や文章を選んで読むこと。

(6) 前記 (4)　A　話すこと・聞くこと　(1) 話すこと・聞くことの能力を育てるため、次の事項について指導する。　オ　話の中心に気を付けて聞き、質問をしたり感想を述べたりすること。

(7)『小学校学習指導要領』第2章第1節　国語　第2　各学年の目標及び内容〔第5学年及び第6学年〕C　読むこと　(1) 読むことの能力を育てるため、次の事項について指導する。　エ　文章を読んで考えたことを発表し合い、一人一人の感じ方について違いのあることに気付くこと。

(8) 前記 (7)、B　書くこと　(1) 書くことの能力を育てるため、次の事項について指導する。　ウ　事実と感想、

意見などとを区別するとともに、目的や意図に応じて簡単に書いたり詳しく書いたりすること。

(9) 前記(1)、カ 楽しんだり知識を得たりするために、本や文章を選んで読むこと。

(10) 前記(1)、オ 文章の内容と自分の経験とを結び付けて、自分の思いや考えをまとめ、発表し合うこと。カ 楽しんだり知識を得たりするために、本や文章を選んで読むこと。

(11) 前記(4)、カ 書いたものを発表し合い、表現の仕方に着目して助言し合うこと。

(12) 前記(7)、カ 目的に応じて、いろいろな本や文章を選んで読むこと。

第6章 幼稚園・保育所と連携した読書指導

幼稚園や保育所と小学校、小学校と中学校の連携が話題になって久しい。環境の違いにとまどい、うまく適応できない子どもがいるからだ。教職員の連携で情報交換や研修をともにし、現場での指導に生かす。子ども同士の交流を増やし、進学への期待をもたせる。このような交流が、なぜ必要なのか。どのようにしたらよいのか。この章では幼稚園・保育所と小学校の読み聞かせにおける連携について説明したい。

1 幼稚園・保育所と小学校との連携

同じ小学校に入学した1年生といっても、家庭環境や生育歴だけでなく幼稚園や保育所などの出身もさまざまである。同じ年齢の子どもの集団ではあるが、割合自由な時間の多い保育所と学習などに力を入れている幼稚園とでは、それぞれの園での過ごし方が違っているはずである。

また、それぞれの園と小学校での過ごし方もかなり違っている。小学校は子どもの数が多く、建物も大きくて広い。生活時間は細かく決められ、自分でしなければならないことも増えてくる。小学校生活に慣れるまで、子どもには予想以上の負担がかかるものである。いわゆる小一プロブレムという現象が起こるのも無理はない。

そこで最近は、卒園前までに各園では指導要録や保育要録を受け入れ先の小学校に送ったり、小学校からも聞き取り調査を行ったりして入学前に情報交換を行うことが定着している。年長の園児たちが近隣の小学校を訪問して1年生と交流を深めることもよく行われている。小学校と近隣の幼稚園や保育所、児童館など低学年の子どもと深くかかわる施設の担

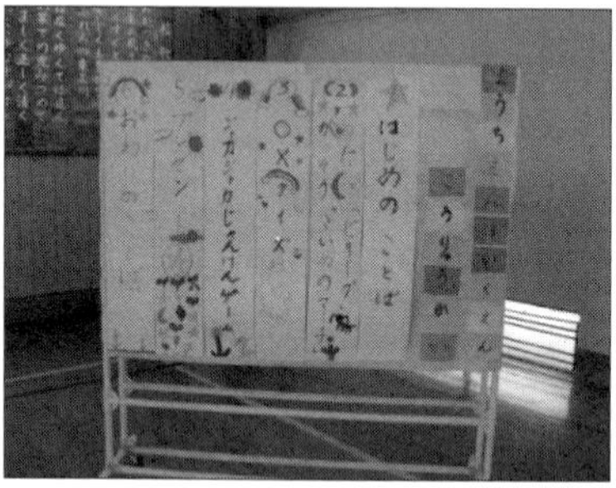

幼稚園・保育所合同交流会のプログラム

```
プログラムの内容

  ようちえん・ほいくえんこう
  りゅうかい
1 はじめのことば
2 うた「ビリーブ」
  がっそう「こいぬのマーチ」
3 ○×クイズ
4 ジャカジャカじゃんけんゲーム
5 プレゼント
6 おわりのことば
```

◎図表6-1　幼稚園・保育所合同交流会のプログラム

当者同士の情報交換もだんだん盛んになってきている。

しかし、申し送りの内容を見ると、子どもの特性や人間関係など、生活指導に関する内容がほとんどである。幼稚園や保育所での読書経験や指導内容についてなどの申し送りなどはほとんどない。小学校で実態調査をしない限りは子どもたちの読書経験について知る方法はないのだ。

ジャカジャカじゃんけんゲームをやっている様子

ぶんぶんごまをプレゼントして一緒に遊んでいる様子

◎図表6-2　幼稚園・保育所合同交流会の様子

2 幼稚園や保育所における読み聞かせと小学校での読み聞かせ

保育所での読書経験であるが、遊びの時間に自由に絵本などにふれることができる環境（絵本コーナー）はあるが、一斉に読んで聞かせるのはお昼寝の前の時間など、静かにさせたいときに読むことが多いようだ。月に1、2回地域の方と一緒に「お話会」を実施している園もある。

幼稚園でも各クラスの遊びの時間に子どもに「読んで」と言われたら個別に読んであげたり、帰りの時間にみんなに読んであげたりするという園もある。お弁当を食べ終わるまでの間やバスを待つ間などのすきま時間に本を読んで待たせるということもよく見られる。保育用の月刊絵本を毎月購入していて、絵本が届いた日に先生に読んでもらい、家にもち帰るなどの一斉読書の例もあった。「お話の時間」を定期的に設け、紙芝居や読み聞かせを継続したり本の貸し出しを行ったりしている幼稚園もある。

担任教諭による読み聞かせ——アフリカの太鼓ジャンベを叩いて『アフリカの音』を読み聞かせをした

沢田としき作・絵『アフリカの音』
講談社、1996

◎図表6-3　担任による読み聞かせ例

幼稚園や保育所では月に数回の「お話会」など以外では、子どもの興味関心に任せて柔軟に対応しているのが実態のようである。内容も季節や行事に関連する本などを保育者の裁量で読み聞かせることが中心である。

一方、小学校では学習活動に位置づけられているため、週に1回程度の読書の時間と始業前の朝読書などが継続的に行われている。大田区立Y小学校（東京都）では、担任による読み聞かせだけでなく毎週水曜日の朝読書で全クラスに保護者がボランティアとして読み聞かせをしている。また、図書委員会の高学年の子どもによる読み聞かせ活動や本の紹介などの推進活動も実施されている。小学校によって方法はさまざまであるが、読書の時間の確保と継続的な取り組みはされているといってよい。

保護者による読み聞かせ――バイオリンの演奏に合わせて『ブレーメンの音楽隊』の読み聞かせをした

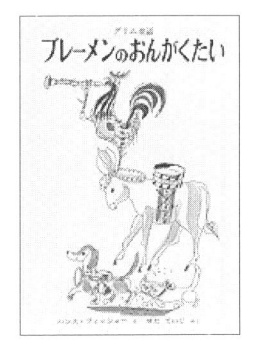

瀬田貞二訳、ハンス・フィッシャー絵『ブレーメンの音楽隊』福音館書店、1964

保護者による読み聞かせ――ペープサートを用いて読み聞かせを行った

◎図表6-4　保護者による読み聞かせ例

3 小学校1年生における読み聞かせの実態調査と考察

大田区立Y小学校の1年生94名の子どもに読み聞かせの実態調査をした（2013〈平成25〉年3学期実施）。主な出身園（幼稚園62名、保育所32名）はMP幼稚園、Y幼稚園、MT幼稚園、T保育園、I保育園、Y保育園、O保育園である。

①**本は好きですか？**
はい　74％　（69人）　　普通　22％　（21人）　　いいえ　4％　（4人）

②**本は読んでもらうほうが好きですか？　自分で読むほうが好きですか？**
本は読んでもらうほうが好き　62％　（58人）　　本は自分で読むほうが好き　38％　（36人）

③**小学校に入る前は誰に読んでもらいましたか？**
家の人36％　（34人）　　保育所や幼稚園の先生24％　（23人）　　両方28％　（26人）
その他12％　（11人）

読書に対しては「好き」と「普通」を合わせると96％になるので全体的には読書に親しんでいるといえる。ま

た「家の人と先生の両方に読んでもらった」を合わせると、家での読み聞かせの経験のある子どもが64％になる。同様に「先生に読んでもらった」は24％であるから、「両方」の28％を合わせて先生に読んでもらった経験のある子どもは52％である。

次に「本が好き」と答えた74％（69名）の子どもと「普通」と答えた22％（21名）の子どもと「いいえ」と答えた4％（4名）子どもの読書経験に差がないか調べた。

① **「本が好き」と答えた子ども（69名）の場合**
「家の人に読んでもらった」経験のある子どもは58％（40名）
「その他」の子どもは4％（3名）
「先生に読んでもらった」経験のある子どもは73％（50人）

② **「本を読むのが普通」と答えた子ども（21名）の場合**
「家の人に読んでもらった」経験のある子どもが57％（12名）
「その他」の子どもは14％（3名）
「先生に読んでもらった」経験のある子どもは52％（11人）

③ **「本が嫌い」と答えた子ども（4名）の場合**
「家の人に読んでもらった」経験のある子どもは50％（2名）
「その他」の子どもは25％（1名）
「先生に読んでもらった」経験のある子ども25％（1名）

この結果から本校の1年生の本が好きな子どもには、家の人が読み聞かせをしている傾向が見られる。家庭環境が大切なのは言うまでもない。毎日新聞が全国学校図書館協議会と合同で実施した「第59回学校読書調査」の結果からも読み聞かせの多さが読書量の多さにつながるという結果が出たという（2013年10月27日東京朝刊）。

しかし、読書環境を支えているのは保護者だけではない。先生に読んでもらった経験については「好き」「普通」「嫌い」どのグループも50％台で大きな差はない。つまり幼稚園や保育所に行くことで家庭環境に関係なく平等に読書経験が得られるのである。学習の基礎を支え、小学校につながる読書経験を各園でも充実させたい。

1 保護者への情報発信

幼少期に読み聞かせを経験することで、子どもたちの情緒が安定し読書に親しむ資質が養われる。親子の信頼関係を築く大切な時間である。まずは、家庭への啓発が必要となってくるだろう。

以前と比べたら小学校と幼稚園や保育所との絆は深まってきているので、個別の生活指導の情報だけでなく小学校では小学生の実態を伝えることで、読み聞かせなど幼児期に必要な生活習慣や資質の向上を話し合う時間を設けたい。その情報を保護者に伝えるのである。遅すぎることはないと言うが、その時期にしかできない教育も

学校では小学生の実態を伝えることで、読み聞かせなど幼児期に必要な生活習慣や資質の向上を話し合う時間を設けたい。その情報を保護者に伝えるのである。遅すぎることはないと言うが、その時期にしかできない教育も見ていると、英語教育や音楽教育などの習いごとに力を入れている幼稚園も少なくない。保護者も知識を早期に身につけることを望む傾向があるようだ。読書が好きな子どもを育てるためには、読み聞かせのよさをもっと幼稚園や保育所の時期に保護者に訴えていくべきだろう。そのときには小学校での読書の様子なども具体的に伝えることができたら、さらに説得力のある説明になっていくはずだ。

ある。何をどのようにしたらよいのかわからないで困っている保護者に向けて、子育ての情報発信基地としての役割を担ってほしいと思う。

次に、園でできる読み聞かせの取り組みについてである。読書環境の整備と担任による読み聞かせは、どの園でも行われているので、子どもは通園することである程度の読書体験を等しく受けることができる。家庭での読み聞かせをしてもらうことができない子どもにとっては貴重な体験である。園の先生方にも読み聞かせの大切さを理解してもらい子どもに継続的な指導を続けてほしい。

② 地域の交流を通した読み聞かせの充実を

この時期に地域のボランティアや保護者、図書館などの協力を得て、読み聞かせ会を開催するのも有効である。さまざまな人々との連携が、子どもにも先生にもよい影響を与えるはずである。地域のボランティアや保護者との交流が読み聞かせを通して深まり、図書館と連携することで本の情報を得ることもできるであろう。地域や園の実態にあった取り組みを継続して行ってほしい。

小学校でも簡単なアンケートを実施して、子どもの読書傾向をつかむことは今後の指導に有効である。

「A子さんは○○先生に読んでもらって本が好きになったそうですよ」「園で読んでもらった○○の本が大好きでいつも読んでいますよ」など、アンケートにより具体的な話ができれば園の先生方が子どもへの読み聞かせを継続する励みとなるだろう。

小学校の先生たちにとっても幼稚園や保育所でどのような本が読まれていたのか、どのくらい、どのように本

第6章
85　幼稚園・保育所と連携した読書指導

が読まれていたか知ることは、子どもへの助言として生きてくる。また、小学校での読み聞かせの活動の様子を伝えることで、お互いの刺激にもなることであろう。聞き取り調査で園を訪問したときに、個別にアンケートや活動内容の情報交換をするのもよいが、小学校を中心とした地域の担当者同士で一斉に集まり情報交換する場があるのであれば、読み聞かせについても、ぜひ情報交換をしてほしい。

③ 育ち合う子どもたち

最後に子どもたち同士の交流であるが、せっかく園児による学校訪問などが行われているのだから、小学生による読み聞かせ会を開催するのはどうだろうか。2年生が国語の学習で音読練習をし、1年生の教室に行って読み聞かせの形で音読発表会を行ったことがあった。2年生の児童は、1年生を前にしてやや緊張しながらも練習の成果を発表することができ大よろこびであった。自分よりも下の学年と接すると急に背伸びをしたくなるものである。学習の成果だけでなく意欲と達成感につながる活動だった。1年生にとっても自分たちの身近な存在の2年生が発表することで読書を楽しみ、自分たちの成長の目標を得られる。

1年生も国語の教材でよいので、こうした読み聞かせ会で幼稚園や保育所の子どもたちに読んであげるとよいだろう。相手に伝わるように声に出して読むことで、「音読の表現力」と内容を読み取る「読解力」を育成することができる。子どもたち同士交流することで、相手意識が育ちコミュニケーション能力の向上につながるのである。幼稚園や保育所の子どもたち同士も本の世界を楽しむとともに、小学校に入るとこんなこともできるのだと期待がふくらむのではないだろうか。ぜひ、お勧めしたい活動である。

86

『ごんぎつね』（教科書教材）をペープサートの形にして発表している様子

新美南吉作、黒井健絵『ごんぎつね』偕成社、1986（光村図書の教科書「4年下巻」に掲載されている）

背景の絵は各場面で変更していくが、登場人物はそのまま使用していく

『たぬきのいとぐるま』（教科書教材）をペープサートの形にして発表している様子

松岡節作、狩野富貴子絵『たぬきのいとぐるま』ひかりのくに、2003（光村図書の教科書「1年下巻」に掲載されている）

◎図表6-5　1年生の子どもへの読み聞かせ会の例（『ごんぎつね』と『たぬきのいとぐるま』をグループごとに発表した）

コラム

地域での本の読み聞かせ会

地域での読み聞かせ会は、作家や図書館関係者、教師、保護者など、本と子どもたちに関心を寄せる人々によって図書館や学校、書店、公民館、個人の家など、さまざまな会場で行われている。

ここでは、地域での読み聞かせ会の例として、大田区立Y小学校（東京都）で行われている「アラフィー」による読み聞かせ会を中心に紹介する。

好きだから楽しくやろう！　学校に言葉の花を咲かせよう！

「アラフィー」は、2001（平成13）年の夏休みにY小学校で行う読み聞かせ会の保護者のボランティアとして集まった4名により結成され、現在も地域での活動を続けている。結成された年の夏から活動が始まり、今では夏休みだけでなく、同校の全クラスの読書の時間にも読み聞かせを実施している。さらに、演劇指導のボランティアとしても活動の幅を広げている。

「アラフィー」のメンバーは個性的で、演劇、絵、音楽と、それぞれに得意分野をもっているため、その個性を生かしながら演目を選んでいる。今までの読み聞かせ会の主な演目には、『狂言絵本　ぶす』（もとしたいずみ作、ささめやゆき絵、講談社）と『100万回生きたねこ』（佐野洋子作・絵、講談社）、『絵本　星の王子様』（アントワーヌ・ド・サンテグジュベリ作・絵、池澤夏樹訳、集英社）、『ふくろうくん』（アーノルド・ローベル作・絵、三木卓訳、文化出版局）、『大きな

88

木』(シェル・シルヴァスタイン作・絵、村上春樹訳、あすなろ書房) などがある。

ここでは、『落語絵本　じゅげむ』(川端誠作・絵、クレヨンハウス) と『あらしのよるに』(きむらゆういち作、あべ弘士絵、講談社) を例に紹介する。古典と物語の組み合わせが多い。

読み聞かせを通して、子どもたちに自分の言葉で伝える表現力を身につけてほしい、大人が頑張る姿を見せていきたい。そんな願いをもつ「アラフィー」は、自分たちが楽しみながらも地域文化の向上に貢献できればと活動を続けている。発足当時小学生だったメンバーの子どもたちも、今では読み聞かせを手伝ったり、保育の仕事を目指したりと、その志を受け継いでいるそうだ。継続は力なりというが、大人の背中を見て子どもは育つと実感している。

『落語絵本　じゅげむ』——絵本を見せながらユーモラスな口調で読み聞かせを行っている。ピアノと打楽器を使用する。

『あらしのよるに』——手づくりの人形を使いながらオオカミ (左手)、山羊 (右手) の役を演じる。背景を模造紙に描いて照明を暗転させるなど、嵐を効果的に演出する。ピアノ、太鼓、鉄琴を使用する

参考文献

● 第4章

・文部科学省ホームページ「子どもの読書活動の推進に関する基本的な計画」http://www.mext.go.jp/b_menu/houdou/25/05/__icsFiles/afieldfile/2013/05/17/1335078_01.pdf（2014年12月8日アクセス）

・志村尚夫・天道佐津子監修『読書と豊かな人間性の育成』青弓社、2007

● 第5章

・坂田仰・河内祥子編著『教育改革の動向と学校図書館』八千代出版、2012

・文部科学省ホームページ「教育課程部会（第3期第1回〜第26回）における主な意見（抄）（国語関係）」http://www.mext.go.jp/b_menu/shingi/chukyo/chukyo3/011/siryo/06072701/008.htm（2015年4月6日アクセス）

・国語教育総合情報研究所ホームページ「読書指導と図書館の役割」http://www.ijle-labo.com/jiten/houhou1.html（2015年4月6日アクセス）

● 第6章

・国立国会図書館国際子ども図書館ホームページ「第59回学校読書調査結果発表　○子どもの頃の読書環境」http://www.kodomo.go.jp/info/child/2013/2013-108.html（2015年4月6日アクセス）

第 *3* 部

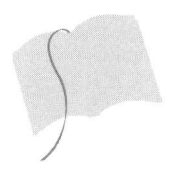

実践事例から学ぶ読書の指導

第7章 幼稚園や保育所における読書の体験

幼稚園や保育所における読書の体験は、どのようにして生まれるのか。実際のところ子どもたちは、幼稚園や保育所の生活のなかで絵本やお話、物語などに触れている。ここでは、幼稚園の保育実践を事例として、そのことを具体的な読書の入門としてとらえながら述べていく。導入をどのようにするのか、また、子どもへのことばかけをどのように行うのかなどをふまえながら解説していく。

7-1 効果的な導入の紹介

幼稚園の保育において、絵本は大変身近な教材のひとつである。しかし、身近なものであるからこそ、絵本をいかに有効に活用し保育に生かすのか、どれだけ絵本の魅力を引き出せるか、ということを意識して保育を行う必要がある。では、どうすれば絵本をうまく活用できるのか。そのひとつに導入の重要性があげられる。ここでは、絵本という教材を使用する上で、導入がいかに大切であるかということを重点とし、事例を踏まえて述べていきたい。

1 導入の重要性

皆さんは絵本を選ぶ際、どのような基準で選んでいるだろうか。たいていの場合、季節や行事、対象年齢などを配慮して選ぶであろう。筆者も多くの場合、そのようなことに注意して絵本を決めることが多い。しかし、絵本に記された対象年齢については、参考までにという形を取ることも少なくない。季節や行事については、その時期にあったものを選ぶべきだと思うが、対象年齢は保育者の工夫次第で、絵本に表示されている年齢より下の年齢でも問題なく読むことができるからである。ただし、ここで重要なのは〝工夫すること〟である。

第7章 幼稚園や保育所における読書の体験

93

では、保育者が工夫もせずに読み聞かせを行うと、どういった状況になるのか。保育において一番怖いのは、子どもの興味が薄れて飽きてしまうことである。極端な言い方をすれば、子どもが飽きる＝保育者の力量不足と考えるからである。対象年齢がクラスの子どもより高いことで、話が長すぎて内容が難しくついていけないとなれば、むろん子どもたちは途中で飽きて集中力が切れてくる。そこで、「まだ、お話中だから静かに聞いてようね」と声をかけたところで後の祭りである。子どもというのは、その時間が楽しいと感じれば自然とついてきてくれるものであり、そうすればむやみに注意することもなくなる。

　そうならないためには、どのような工夫が必要なのか。その工夫とは、絵本を読む際の声の強弱やトーン、抑揚のつけ方といった見せ方、そして導入の「質」が問題となってくる。導入とは、その絵本にいかに子どもたちが興味を示し、絵本の世界に入り込める雰囲気をつくれるようにするかということである。子どもたちが絵本に興味をもち、絵本の長さ、内容ともに少し難しい内容でも楽しんで見

ことができるためには、どのような導入が大切なのか。このことについては事例を次に示したい。

2 絵本の読み聞かせの実践事例

3歳児クラスで絵本『こんとあき』の読み聞かせを行うことにした。ちなみにこの絵本の対象年齢は、4歳児からである。

この絵本のあらすじは、「あきのお守り役として、あきと生活するうちにだんだんと古くなり、とうとう腕がほころびてしまう。そこであきとともに、おばあちゃんのところへ直してもらいに行くのだが、その道中はハプニングの連続。こんはあきを気遣うが、こんはさらにボロボロになってしまう。しかし最後は、あきがこんをおぶって、おばあちゃんのところに何とかたどりつき、こんは元通りの姿に戻ることができる……」というものである。

この絵本を選んだ理由としては、二点あげられる。

一点目は、子どもたちに「相手の立場に立って物事を考える」という力を育んでほしいと考えていたことである。友達とのかかわりの中で、この言葉を言ったら相手がどう思うのか、今相手はどんな気持ちなのか、自分がされたらどんな気持ちになるのか、自分に当てはめて考えられるように少しずつ援助していたが、まだ子どもたちは自分自身の感情が先行してしまい、難しい部分があった。今回そのことを伝えるに当たり、されたり言われたりしたら嫌だなというマイナスの観点からではなく、こういうことをしてもらったらうれしいな、自分もお友

筆者作成のこんのぬいぐるみ（体長は47cmほどで絵本に出てくるこんの大きさのイメージにもあう）

『こんとあき』（林明子作、福音館書店）

達に優しくしてあげたいなと思えるプラスの観点から伝えたいと思い、この『こんとあき』という絵本を取り入れようと考えた。

二点目は、筆者が大学時代に絵本作家林明子氏についての研究を行っていたことに関係する。その経験もあり、この作品に対し強い思い入れがあったことである。何度も読み込んでいたため、絵本の魅力を落ち着いて子どもたちに伝えられると考えた。研究の一環として、『こんとあき』に登場するこんのぬいぐるみも制作していた。そのぬいぐるみを使用した活動を行いたいという思いを以前からもっていた。ぬいぐるみを通して子どもたちとの会話を楽しみながら絵本の読み聞かせを行うことで、子どもとともにその空間を有意義に過ごせるのではないかと思ったこともあり、この教材を使用するに至った。

子どもがこんにコマ回しをみせている様子①　　子どもがこんにコマ回しをみせている様子②

なお、今回の実践に活用したこんのぬいぐるみについては、型紙が福音館書店のホームページに載っているので、参考にしてみてはいかがだろうか。

次に、実際に保育を行ったときの指導記録を示す（図表7－1『こんとあき』の読み聞かせ指導記録　101ページを参照）。絵本の読み聞かせの実践後、筆者は指導記録のまとめに載せた〝B案こんと遊ぶ〟の流れで保育を行った（104ページ）。とくに、こんと何かをしようとこちらで提案するのではなく、子どもたちがこんとどのように過ごしたいか聞き、その提案にそって保育することにした。

すると子どもたちから、その頃に熱中して取り組んでいたコマをこんにみせたいという声があがった（その時期に園全体で文化・伝統的取り組みとしてコマ回しを取り入れていた）。そこで、皆でコマをもち出し、こんを中心に円になってコマ回しを行うことにした。皆じょうずに回している姿をこんにみせてあげようと一生懸命取り組む姿が見受けられた。また、コマ回しがあまり得意ではなく、

3 実践事例における考察

子どもたちは、普段読んでいる絵本より長い話であったが、最後まで話に集中して聞くことができていた。その後「また、こんのお話が聞きたい」という声が聞こえてきたことからも、子どもたちがこの絵本を気に入り、楽しんで見ることができたことがうかがえる。目の前で自分たちと会話しているこんが絵本の中で活躍していることが不思議であり、絵本によりきょうみをもつことができたのではないだろうか。ぬいぐるみを活用することにより、絵本の世界に親しみをもつことができ、登場するキャラクターの感情に共感しやすくなるため、話に集中し

どちらかというと避けていた子どもも、こんに見せたい一心で挑戦する姿があった。ほかにも、自由遊びの時間に、こんを抱っこしたいという子どもがいたので、「優しく抱っこしてあげてね」と伝えると、普段活発で遊びがだいたんな子どももこんが痛くないように、とてもていねいに優しく抱っこしている姿が見られた。「こんのしっぽ本当に治ってよかったよね」としっぽをなでてくれる子どももおり、子どもたちの優しさに触れることもできた。その日は室内遊びのみならず、外遊びにもこんを連れ出し、お兄さんお姉さんになった気分で優しくいろいろと教えてあげていた。

それからというもの「今日はこんは来てないの？」「またこんのお話聞きたいな」という言葉をかけてくれるようになった。そして、「こんみたいに思いやりをお友達にあげられるようになりたい」と言ってくれる子どももいた。これらのことを踏まえても、少なからず子どもたちにとって印象的な1日になったと言えるだろう。

98

て聞くことができたと考える。

また、絵本の時間は、その活動と区切るのではなく、1冊の絵本を通して1日の保育生活へ生かし、新たな活動につなげることができた。気持ちの切り替えができるよう、ひとつの活動ごとに区切りをつけることも大切だが、せっかく絵本を見て子どもが感じたことや楽しかった気持ちをもつことができる貴重な経験であり、その余韻を大切に進める保育というのも必要だと考える。絵本を通じて感じた感情を大切にしてほしいのである。

さらに、集中してこちらに興味を示してくれている状態であるならば、いっそうその環境を生かして保育を行うことで、その後の活動にも興味をもち、普段の保育とは異なった部分での学びに結びついていくのではないだろうか。実際、こんに見せてあげたいという一心で一生懸命コマ回しに挑戦したり、抱っこする際にていねいに優しく触れ合おうとする姿を見せてくれたりと、子どもたちの優しさを引き出すことにつながった。これらの経験は、子どもの心の成長において思いやりや他者意識を育成するという学びとなっただろう。

これは他園の保育者の例であるが、同様にこんのぬいぐるみと『こんとあき』の絵本を使用して読み聞かせを行った際の事例である。この保育者が読み聞かせを行った後日、一人の女の子がこんとあきの絵本を気に入り、母親に頼んで買ってもらったと教えてくれたということであった。絵本の魅力が子どもに伝わったということは、保育における読書体験において有意義な活動を行うことができたといっても過言ではないだろう。

以上のように、この実践により導入に気を配ることで充実した活動ができるということがわかった。

第7章　幼稚園や保育所における読書の体験

99

4 導入における注意点

絵本の読み聞かせの導入において共通していえることは、この絵本を子どもたちに好きさせるには、この時間を楽しませるには、どうすればよいのか、どう展開していけばよいのかを、よく考えて読み聞かせに臨んでほしいということである。

注意しておきたいのが、絵本を読むときに時間をかけて導入を凝るようにということを言いたいのではない。導入の準備に追われすぎて、絵本を読む時間をなかなか確保できないとなっては、本末転倒だからである。保育者の足かせになってはならない。あくまで導入は絵本に子どもたちが興味を示し、入り込める環境をつくる手段であり、そこがメインではないのだ。

子どもが絵本の世界に入り込むことができ、その時間を楽しむことができる環境をつくることが重要であり、それは保育者の何気ない一言かもしれないし、その絵本の内容に通じる手遊びかもしれない。何より大切なのは、その時間を保育者自身も楽しみ、その気持ちを子どもと分かち合うことである。そのことを意識して絵本の読み聞かせを行ってほしい。

◎図表7-1 『こんとあき』の読み聞かせ指導記録

指導記録：絵本「こんとあき」
対象児：3歳児
ねらい：相手を思いやる気持ちを感じる。絵本を見て内容を楽しむ。
　　　　絵本を見て内容を楽しむ。
準備教材：絵本「こんとあき」　　　1冊
　　　　　こんのぬいぐるみ　　　　1体
　　　　　椅子　　　　　　　　　　2脚

※なお、指導記録にあるポイントとは進める上での注意するべき事柄について記したものである。

	子どもの活動	指導上の留意点	環境構成	ポイント
導入	◎こんと会話をする。 ・こんを呼ぶ	・みんなに紹介したい友達がいることを伝え、恥ずかしがり屋のため大きな声で名前を呼んで出てきやすいようにしてあげようと促す。 ・こんを登場させ自己紹介する。	・こんのぬいぐるみを大きな紙袋などに入れて子どもたちから見えないようにし、保育者の椅子の後ろに隠すように置いておく。 ・膝の上にこんを置き、こんの手を動かしながら話す。	☆このとき、子どもたちの気持ちがこちらに向き、一体感がもてるよう、呼ぶ声が小さいからこんが出てこれないと伝え、2〜3回繰り返すようにすると集中しやすい。 ☆一方通行にこんが話すだけではなく、子どもと簡単なやり取りができるような自己紹介を心がける。 ☆保育者はこのとき、こんとして話すのか、こんの気持ちを保育者として代弁する形にするのかきちんと決めてから話す。ここをあやふやにすると子どもも戸惑ってしまう。
	・こんの問いかけに答える。	・「○○組の皆はお友達なの？」と質問を投げかけ、子どもとのやりとりを楽しむ。 ・友達がたくさんいることに対し、「いい		☆年中以上になってくると「友達じゃない」といった否定の発言が出てくる場合もあるため質問の仕方に気をつける。 (例) ○○組は皆仲良しだって先生から聞いたんだけど、僕も皆と友達になりたいなぁ。

導入		なぁ」「楽しそうだなぁ」など、そのことが素敵なことであると思えるような言葉をかける。その後、こんにもあきちゃんという大切な友達がいるいう流れにもっていく。 ・友達であるあきちゃんとの冒険がのっている絵本があり、その絵本を保育者が取りに行くことを伝える。 ・「僕の出てくるお話皆で見てくれる？」と問いかけ、期待をもって絵本が見れるようにする。	・椅子を自分の横にあらかじめ用意しておき、こんを椅子の上に座らせて絵本を取りに行く。	☆「こんもみんなの顔を見ながら絵本一緒に聞きたいみたいだからここに座っててもらうね」と伝えておくと勝手に触ろうとする機会が減る。 ☆年少の場合はこんが気になり、触ってしまう可能性が高いため、すぐに対応できる保育者の横にしたが、年中以上であれば、こんもみんなと絵本が見たいらしいからみんなと一緒に座らせてあげようと聞き手側のところに置いても良い。
展開	◎絵本「こんとあき」を見る。	・全員が絵本が見える位置にいるか確認し、見えない子どもがいた場合は、ほかの子どもの邪魔にならないように注意して、全体の後ろに移動するように促す。 ・絵本を読む際は、速さ、強弱、声のトーン、抑揚等に気をつける。	・『こんとあき』は左開きなので、右手にもつ。絵本が右側（子どもから見ると左側）に来るので、気持ち子どもたちも絵本側に来るようにする。	☆移動する際、ただ見えやすいところに移動するように伝えてしまうと、今度は逆にほかの子が見えにくくなってしまったり、割り込みだと喧嘩の要因にもなるので、注意すること。 ☆読む際にあまり読み方に変化をつけると子どもの想像力が損なわれるため、おもわしくないという意見もあるが、今回は対象年齢より低い年齢を対象にして読んでいるため、話に集中しやすいようにとの配慮も含め、声色の変化といった工夫を取り入れている。

102

展開		・作者の名前も読み、見返しや裏表紙もきちんと見れるようにする。 ・文字を追うことに気を取られすぎず、なるべく子どもたちの方を見ながら絵本を読む。		☆作者も読みあげることで、同じ作者の話にも興味がもて、そこからほかの絵本に広がることもある。見返しや裏表紙まで考えて作られている絵本もたくさんあるため、飛ばしてしまうのはとてももったいない。 ☆子どもたちの表情や様子を見ながら絵本を読み進めていくことが大切であり、そのためには子どもたちを見ながら絵本を読む必要がある。そのためには、絵本をあらかじめよく読み込んでおくことが重要となる。
まとめ	◎絵本の内容について考える。 ・話を皆で思い出す。 Aくん「こんのしっぽはもう大丈夫?」 Bくん「あきちゃんが大好きだからじゃない?」 Cちゃん「こんが優しいからだよ」 Dちゃん「わからない」 Eくん「こんはヒー	・話の内容を子どもと一緒に振り返り、どこまで理解しているのか把握する。 ・子どもたちの発言に共感しながら、さまざまな気持ちを引き出す。 ・なぜこんはあきちゃんのためにこんなに頑張ることができたのか子どもたちに投げかけ、気持ちを引き出していく。子どもの発言を拾い、「優しいから」「大好きだか	・こんを横向きにしてしっぽをもち、子どもたちからしっぽがみやすいようにする。このとき、クラスの人数が多い場合はこんをもって歩いて後ろの子どももこんのしっぽを見やすいように配慮する。		☆このときうまく子どもたちの感情、気持ちをひき出してあげることで、コミュにケーションがはかれ、さまざまな思いに子どもが気づくことができる。(私の実践の際は、子どもたちがこんのしっぽは本当に治ったのかとても心配してぬいぐるみのこんのしっぽを一生懸命確認しようとしていたため、こんのしっぽを皆に見えるようにしたところ、口々に安堵の言葉が漏れてきた) ☆保育者の意図と異なる発言が出てきても流したり否定するのではなく「○○ちゃんはそう思ったんだね」と受け入れて共感することが大切。同感とは異なるので注意する。

まとめ	「ローなんだよ」	ら」等、プラスな発言を生かす方向に持っていく。 ・子どもの発言を一通り拾い、「皆が言ってくれたように」と前置きし、こんはあきのことが大好きだから頑張れたんだという事を話す。		
	・質問に答える。 Aくん「優しい気持ち」 Cちゃん「守る」 Fちゃん「大切な気持ち」 Gちゃん「思いやり」	・こんがあきちゃんのことを思って行動したり、心配する気持ちのことを何と表すか質問する。 ・「思いやり」という言葉が出てきたら、子どもたちと一緒にその言葉を繰り返す。		☆「○○くんが言ってくれたように」ではなく、「皆が言ってくれたように」という言葉を使うことで、子どもたちが自分の意見をきちんと聞いてくれた、自分を受け入れてくれたという安心感をもつことができる。 ☆年少では、思いやりという言葉が出てこない場合もあるため、ある程度子どもたちと考えたあと、教師の方から切り出してもよい。考えるという行為が大切であり、あまりだらだらと長くやり取りするのは子どもも飽きてきてしまうので好ましくない。 ☆全体で言葉を繰り返すことで、その言葉を印象づけ、覚えやすくする。
	・こんにお礼を言う。	・こんが素敵な絵本を用意してくれたこと、遊びに来てくれたことに対し、お礼を言おうと促す。		
	A案こんとお別れをする。 B案こんと遊ぶ。	A案こんはもう、あきちゃんとの家に帰る時間になってしまったため、さようならの挨拶をしようと促し、また会おうねと伝えながらこんを退出させる。 B案せっかくこんが遊びに来てくれたので皆でゲームをしたり、ご飯を食べたりと、一日一緒に過ごすことを伝える。		☆その日のカリキュラムに合わせ、A案かB案どちらに保育を持っていくか変える。

7-2 絵本の読み聞かせ——仏教保育の実践事例から

子どもにとって絵本を読んでもらっている時間は、とても楽しいものである。絵本を通して、たくさんの未知の出来事に出会うことができるし、そして何よりも子どもは物語を聞くことが好きである。楽しい、おもしろい、もっと読んでほしい、という内からの欲求をかきたててくれるものこそが絵本の読み聞かせである。

1 絵本のもつ力

絵本とは、"絵"と"言葉"で構成された美しく奥深い世界である。絵本という、子どもにとって一番身近で親しみのある素材を用いて、幼稚園教育要領に示されている知育や徳育から「生きる力」をはぐくみ、そしてその力は将来を切り開くものとなる。そのためには、大人たちが絵本の魅力と本質を十分に理解し、子どもに惜しみなく「読み聞かせ」をし、絵本を楽しむ時間が必要である。そうした体験をもとに、子どもは文字が読めるようになると、自らが本の世界の楽しさを知っているからである。なぜならば、子ども自身が本の世界の楽しさを知っているからである。

絵本は子どもにだけに恵みをもたらすのではない。子どもと一緒に絵本を楽しむ親（大人）へも、同等の恵みをもたらす。絵本とは、子どもが文字を読めるようになってから読むものではなく、子どもに読んであげること

で、命が宿るものである。これが「読み聞かせ」である。

本を読むということは、言葉を頭の中で絵に描き、それを瞬間的に連続させていくことである。絵本を読んでもらっている子どもの頭の中では、目の前の絵本の絵は、物語を追いかけるように変化していく。そして、次のページとの間の実際には見えない絵を心の中に描いているのである。この目に見えないもの——絵を見る力——想像力こそが、絵本を楽しみ、学童期以降、自分で本を読むために必要な力となるのである。

この力は、絵本を読んでもらうこと——読み聞かせによってつちかわれる。子どもが、絵本や本となかよしになっていくための自然な道筋である。そして、さらに大きな意味がある。「絵本を読んでもらうこと」は、自分へ向けられる直接の愛情表現だと、子ども自身は知っているのである。言葉を通して、心の時間を共有できたと感じられるとき、人と人は深く結びつくのである。

2 家庭における絵本

子どもにとって「親子の読み聞かせ」は、身体も心も抱かれ、受け入れられた満たされた時間である。ほかの人とその世界を分かち合う喜びや楽しさを感じる中で、創造性や思考力の育ちがうながされる。

家庭における「読み聞かせの心構え」として、子どもに絵本を読んであげたらあまり質問をしないことが望ましい。わかりきったことをしつこく聞いたり、「どうだった？ おもしろかった？」などと、子どもにたくさんの感想を求めてはならない。親子のコミュニケーションとしての絵本の読み聞かせが、子どもの心の深くに届か

なくなるのだ。「子どもと絵本の交流の場」に徹することが原則である。

一方で、絵本や本の読み聞かせに関する調査[*1]をみると、子どもの年齢の上昇にともない「読み聞かせ」の頻度や時間は減少し、絵本や本を介した親子のかかわりが減っている。こうした親とのかかわりの違いは、子ども自身の読書活動にも影響している。親とのかかわりが活発なほど、本や絵本と触れ合う機会が多くある傾向にある。そして、年長児の約2割の母親は、絵本や本を読み聞かせることは「ほとんどない」と答えており、家庭の蔵書数が少ないほど、「子どもと一緒に図書館に行くことは、ほとんどない」と答える割合が高くなっている。

親による絵本や本の読み聞かせは、無理をして毎日長時間行わなくとも、子どもの関心が得られるよう、常に絵本が手の届くところにあるようにすることを心がけたいものである。真に心に響く作品に出会うことで、絵本やお話は、子どもにとってかけがえのないものとなるのである。

*1 ベネッセ次世代育成研究所「幼児期から小学1年生の家庭教育調査報告書」ベネッセコーポレーション、2013

3 絵本の読み聞かせの実践

人格形成の基礎を築くための最も大切な時期——幼児期における「宗教的情操教育」とはいかなるものか。それは「敬虔な気持ち」を育てることである。子どもたちは、仏教保育の中で「礼拝」を行う。礼拝は仏様と自分との約束の場であり、宗派の教えや建学の精神、子どもたちへの願いや期待が深く込められている（図表7−2 仏教保育教育課程の例）。

仏教保育の代表的な行事としては、①花まつり*2（写真108ページ）、②成道会*3（写真108ページ）などがあり、双方とも本堂で行う。筆者の園では、子どもに本堂は仏様の「おうち」と伝えている。幼稚園とは違って大きな声で騒ぐ場所ではない、特別な場所であるということを雰囲気で感じながらも子どもにとって身近な存在である。

また、4月の入園当初、「ようちえんたんけん」と称して園舎案内をする。その際、玄関・保育室の仏様の場所を示し、仏様の存在を感じるようになる。そして、クラスや保育者の紹介をする。どこに何があるのか、危険な場所はどこか、そして、次のような子どもとの会話があった（110ページ参照）。

---

*2 灌仏会の別名。日本では4月8日に行われる。釈迦（しゃか：ゴータマ・シッダッタ）が旧暦4月8日に生まれたという伝承に基づいている。

*3 日本では12月8日に行われる。釈迦が旧暦12月8日に悟りを開いた（降魔成道）という伝承に基づいている。

◎図表7－2　仏教保育教育課程の例

教育目標：だれにでも親切にしよう（布施奉仕）・いっしょうけんめいやろう（精神努力）・心をおちつけよう（禅定静寂）・賢い子になろう（智慧希望）・いきものを大切にしよう（生命尊重）

教育方針：知的で明るくたくましい子を育てよう

		月のねらい	備　考
4月	合掌聞法	入園・進級を喜び、園生活に親しもう。	仏法僧の三宝を敬う形が合掌であり、まずは安全・健康な園生活を誰もが送れるように、必要な諸注意を先によって、思いもかけない大きな仕事ができる。みんなで助け合うことに気付こう。
5月	持戒和合	決まりを守り、集団生活を楽しもう。	園生活に慣れてくると、自分自身を大切にすると同時に、自由な行動もみられるようになる。約束やルールを守ることは、社会生活の第一歩であり、そのことで集団で楽しく遊ぶことができる。
6月	生命尊重	生き物を大切にしよう。	自分の生命の大切さはもとより、あらゆる生きものの生命を大切にすること、さらに生きもの以外の物にも生命が宿ることを教えることは、心の成長の基盤となる。動植物に関心をもつ探求心を大切にするとともに、生物への いたわりの心を育てよう。
7月	布施奉仕	誰にも親切にしよう。	他人に親切にしてもらうことも、とてもうれしいものである。この心地よい貴重な体験を少しでも多くなるように知恵を働かせて、みんなで社会を明るくすることを知らせよう。
8月	自利利他	できることは進んでしよう。	自分にできることは最後までやり通す辛抱強い心と、他の人が困っているときはその人の気持ちになって助けてあげる親切な心を持つようにしよう。また、親切な行為を受けたときは素直に感謝することもできる。
9月	報恩感謝	自然や社会の恵みに感謝しよう。	自然の恵みがなかったら、食事をとることも、服を着ることも、家の中で暖かく生活することもできない。生かされている自分に気付き、慎ましい心で社会や自然に接する心を育てよう。
10月	同事協力	お互いに助け合おう。	一人でできないことも二人でならできる。二人でできないことでも大勢ならできる。みんなで助け合うことによって、思いもかけない大きな仕事ができる。何事も最後まで粘り強くやり通し、充実感、努力する習慣を身につけよう。
11月	精進努力	最後までやり遂げよう。	何事も最後まで粘り強くやり通し、充実感、努力する習慣を身につけよう。
12月	忍辱持久	教えを知り、みんなで努め、励もう。	仏様の教えを知り、それに少しでも近づくように努力することによって、毎日の生活を充実させることができる。目標をもち、じっくり取り組む態度を身につけよう。
1月	和顔愛語	寒さに負けず、仲良く遊ぼう。	優しい穏やかな笑顔を心掛けよう。そして他人に対して心のこもった言葉をかけ、仲良くしよう。
2月	禅定静寂	よく考え、落ち着いた暮らしをしよう。	三学期の最も安定するこの時期に、静かな時間をもち、物事に対してじっくりと考えることを心掛け、正しい行動が行えるように地に足のついた生活をしよう。
3月	智慧希望	希望を持ち、楽しく暮らそう。	いつも希望を胸の中に持ち、明るい明日の生活を目指して、よく学び、よく遊び、よく働き、自分をとりまくすべての人たちと共に、楽しい社会を生み出していこう。

第7章　幼稚園や保育所における読書の体験

アユミ（3歳女児4月）。
アユミ：「仏様どこにいるの？」と保育者にたずねる。
保育者：「ここにいるよ」と上を指しながら答える。

花まつりの様子

成道会の様子

アユミ：すると「仏様って動かないの？」と見上げる。
保育者：「動かないでじっとアユミちゃんのこと見てくれるんだよ」と言うと……。
アユミ：「仏様なんであそこにいるの？」と不思議そうである。
保育者：「今日もアユミちゃん元気かな、ってみているんだよ」と言うと……。
アユミ：「風邪ひかないように？」
保育者：「そう、あとは怪我をしないようにとかね」
アユミ：「そっか！」といいながら笑顔で仏様に手を振った。

また別のある日、天気がいいので、園庭でピクニック風にお弁当を食べることになった。
ユウカ（5歳女児11月）、コウキ（5歳男児11月）。
保育者：「では、いただきますのごあいさつをしましょう」とうながす。
ユウカ：「おそとだから仏様に聞こえないかも……」と心配そうである。
コウキ：「大丈夫、どこにいてもちゃんと聞いてくれているよ。」と言うと……。
ユウカ：それを聞いたユウカは安心したのかいつもより大きな声で「仏様いただきます！」とあいさつをした。

子どもながらに仏様を意識し、心の中にその思いが芽生えていると感じることのできる出来事であった。
さらに部分指導計画では、ねらいを「礼拝の心構えをもち、宗教への意識を高める」とし、指導を行っている
（図表7−3 部分指導計画の例　次ページ参照）。

◎図表7-3　部分指導計画の例

時間	環境構成・予想される子どもの活動	保育者の指導・留意点
8:30	○登園 玄関の仏様に手を合わせ、朝のご挨拶をする。 朝の挨拶 「仏様、おはようございます」 ＜玄関＞ ☆仏像　　○　○子ども 　　　　　○　○ 　　　　　◇保育者 下駄箱　　下駄箱　　下駄箱	○「家庭と園との気持ちを切り替える」 仏様がどこにいるのかを知らせる 姿勢が整っているかを確認する できない子どもには後ろから抱きかかえるようにして、朝のご挨拶を促す
9:30	○朝の会 保育室の仏様に手を合わせ、朝のご挨拶をする。 朝の挨拶 「ご挨拶を　します。今日も　1日　きれいな心　よい頭　強い体　最後まで　一生懸命　お仕事が　できる　子どもになるよう　仏様に　お約束いたします。仏様　おはようございます　先生　おはようございます　みなさん　おはようございます。」 ＜保育室＞ ☆仏像の写真　○　○子ども ◇保育者　　　○　○ 　　　　　　　○　○ ピアノ　　　　　　　　ロッカー	○「新しい1日が始まることへの期待を持たせる」 子どもの前に立ち、模範を示す 姿勢が整っているかを確認する 声がそろうように大きな声でリードする 難解な言葉はくだいて説明する
12:00	○給食 席につき、手を合わせ、食事のご挨拶をする。 食事の挨拶 「ご挨拶を　します。お父さん　お母さん　おいしい　おべんとうを　どうも　ありがとうございます。残さずに　よく噛んで　いただきます。よい子になりますように　仏様　いただきます。」	○「楽しく食事をとること、生命をいただいているという心をもつ」 子どもの前に立ち、模範を示す 姿勢が整っているかを確認する 声がそろうように大きな声でリードする 落ち着いた雰囲気をつくる

	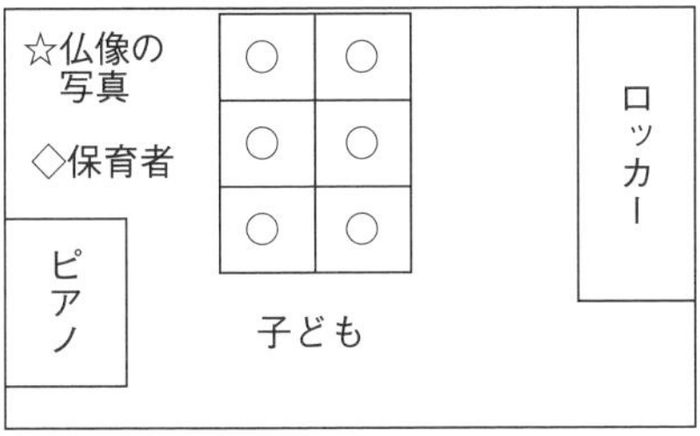☆仏像の写真 ◇保育者 ロッカー ピアノ 子ども	
2:00	○帰りの会 保育室の仏様に手を合わせ、帰りのご挨拶をする。 帰りの挨拶 「今日も　1日　楽しく無事に　過ごせましたことを　仏様に　感謝　いたします。仏様　さようなら　先生　さようなら　みなさん　さようなら」 ＜保育室＞ 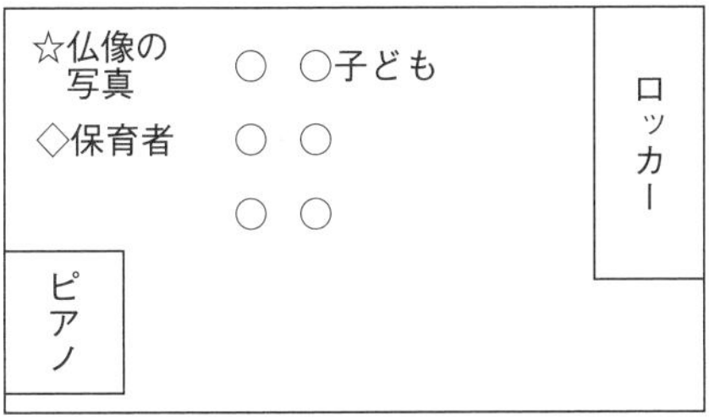☆仏像の写真 ◇保育者 ○子ども ロッカー ピアノ	○「1日無事に過ごせたことへの感謝の念をもつ」 子どもの前に立ち、模範を示す 姿勢が整っているかを確認する 声がそろうように大きな声でリードする
2:30	○降園 玄関の仏様に手を合わせ、帰りのご挨拶をする。 帰りの挨拶 「仏様　さようなら」 ＜玄関＞ 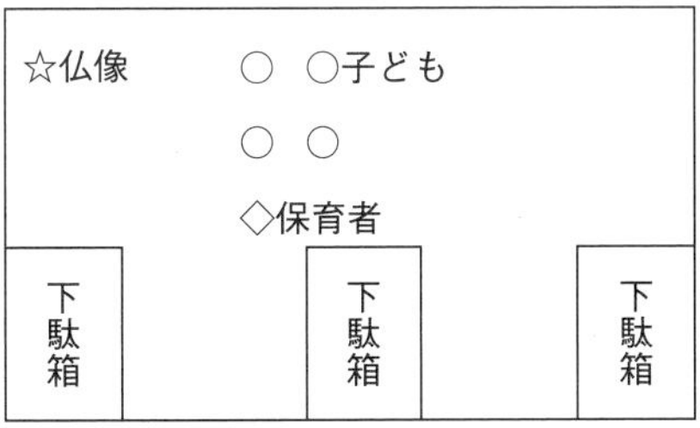☆仏像 ○子ども ◇保育者 下駄箱 下駄箱 下駄箱	○「心を落ち着かせ、明日への期待をもつ」 仏様がどこにいるかを知らせる 姿勢が整っているかを確認する できない子どもには後ろから抱きかかえるようにして、帰りの挨拶を促す

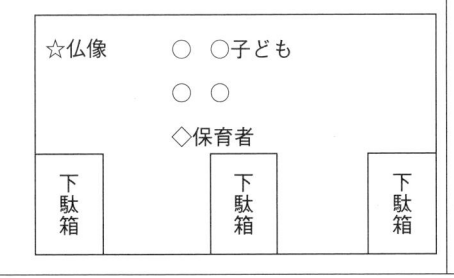

本来、仏の教えとは、心の中にあり、目に見えるものではないが、子どもには仏様を「目に見える存在」として示している。そして厳粛な雰囲気、敬虔な気持ちをもつ中で、自然と心に根づいていくのである。意味の重視というより、手を合わせる行為自体が尊いものであると考える。形となってそれが身につき、いずれ本物になっていくのである。

仏教保育は「生命尊重」を基本理念とする。あらゆるものの恩恵によって生かされていることを自覚し、素直に感謝する心、お互いに助け合う精神をもち続けているならば、子どもたちの未来は明るい。そして保育者は絵本の「読み聞かせ」によって幼児期にその素地をつくっているのである。

絵本は子どもたちの真っ白な心に、豊かな情操を育てるための最高の道具である。物語の中には子どもたちの見も知らぬ世界が広がっているからである。時間的には現在・未来・過去を問わず、空間的には東西南北を問わず、また、現実の世にあり得ること、あり得ないこと、それらすべてが物語の中に展開されている。子どもたちは絵本の世界に触れ、そして解放され、自由となる。

仏教的な環境のなかで保育していこうとするとき、絵本として触れることのできるものは多くある。そのテーマとしては、経典(きょうてん)の話であったり、釈尊の前生譚(ぜんしょうたん)といわれるジャータカ*4であったり、あるいは仏教説話などである。三仏忌(さんぶつき)*5や春秋の彼岸、夏のお盆などの仏教行事の話もある。また、仏教の教義として活用できるものや、仏教伝播にともなって影響を受けた『イソップ物語』や『アラビアンナイト』など、世界文学も含まれることがある。

あとにいくつかの絵本を紹介するがその中のひとつとして先に述べたジャータカをもとにした『月へいったうさぎ』(谷真介・作、赤坂三好・絵、佼成出版社)という絵本がある。

114

あらすじを紹介すると「人間になりたいと思う動物たちが、ある日病気の旅人を見つける。痩せ細ったおじいさんを看病する動物たち。おいしい食べ物を施そうと、さるは木の実、きつねは野菜、かわうそは魚をもってくる。しかし、うさぎだけが食べ物を見つけることができない。そこでうさぎは『わたしを食べてください』と燃え盛る火の中に自ら飛び込んだ。すると、おじいさんは釈迦の姿になり、うさぎの火は月の中へ消えていった。それから月にはうさぎの姿が見えるようになった」というものである。

12月8日の「成道会」で僧衣をまとった園長先生が読み聞かせを行うと、子どもたちは真剣に耳を傾ける。本堂での集会は、非日常的な場所での活動として「場所に応じた行動」が身につく。また、この頃は運動会など大きな行事を終え、比較的落ち着いた時期であるので、全園児でのこうした経験は心に残る思い出となるだろう。このように伝統的な形式美を伝えることは大変有意義である。

成道会を12月8日だけの特別な行事として終わらせてしまうだけでなく、日常の保育生活の中で連続的にとらえることも必要である。そのために、上から説き諭すのではなく、日々の生活の中で、個々の小さな出来事を逃さず認め、集団全体のものとしてとらえることが大切である。全体の中の一員として自分を自覚し、他人に対して思いやりをもつという目には見えない心を育てることが、幼児期には大変重要となる。この点で、大きな意

成道会での読み聞かせの様子

*4 釈尊が前世において生きとし生けるものを救ったという善行を集めた物語。
*5 釈迦にかかわる次の3つの日、灌仏会、成道会、涅槃会（ねはんえ）のこと。

義がある。

また、「思いやり」を育む絵本として『さかさのこもりくんとこふくちゃん』（あきやまただし作、絵、教育画劇）がある。これも子どもたちには、大変人気のある絵本である（図表7－4　指導計画の例　118ページ参照）。

あらすじは「こうもりのこもりくん。いつも逆さにぶら下がっているだけでなく、言うことも全部逆さ。おもしろいときでも『おもしろくない』、かわいいと思っても『かわいくない』と言ってしまう。そんなこもりくんは逆さまのことを言って、ふくろうのこふくちゃんを泣かせてしまう。困ったこもりくんはどうしたらいいか一生懸命考える。そしてこもりくんの気持ちが伝わったこふくちゃんは『全然うれしくなーい』と逆さ言葉を言って仲直りをすることができた」というものである。

部分指導計画中で、その期の子どもの様子や普段からこの絵本に親しんでいることを踏まえ、指導を行う。自分なりのイメージを保育者と一緒に表現したり、友達と一緒に遊びながらイメージを楽しむという活動として、ここではペープサートを用いる。ペープサートとは、紙に人物などを描いて切り抜いたものに棒をつけ、背景の前で動かして演じる人形劇である。より場面を理解しやすくなり、また登場人物になりきることができるようになる。

4　絵本の可能性

このように、絵本は魅力的であり、その可能性は無限大である。そして子どもの心の成長にとって絵本とは、

身近で最適な素材なのである。素材であるということは、それを使わなくてはならない。保育者が適格にその材料を使うことができて初めて、その力は最大限に発揮される。

目から、耳から入ってきた刺激を受けて、子どもの心が動かされたそのとき、感受性は育つ。外からの刺激によって好奇心をかきたてられた子どもは生き生きと目を輝かせ、自分の思いを早く表現したがる。絵本を読み聞かせてもらうと、子どもの目からは絵、耳からは言葉が入る。こうした外からの刺激によって子どもの心は動かされ、さまざまなことを感じる。目から、そして耳から入ってきた刺激を受けて子どもの心が動かされたとき、そして、それを言葉に置き換えて表現し、大人に受け入れられたとき、子どもは自分に自信をもち、大きな喜びを感じるだろう。

幼いときに感受性を育み、自由に言葉でそして体で表現する経験をたくさんした子どもは自分の感じ方、受け止め方、考え方に自信がもてるようになり、本当の意味で深く考えることができるようになる。自分なりの考えを創造するのである。大人はその手助けをする存在である。子どもが自ら望んだら、大人は真剣に子どもに対応する。子どもに正面から向き合うということである。

その中で保育とは、幼少期、人間の子どもが人間になる重要な時期に直接的にかかわることのできる場である。このいくつもの経験の自分・家族・友達など、いくつもの経験を重ね、人間関係が育まれ、その基礎ができる。このいくつもの経験の内の1つに絵本の時間があるのだ。絵本の読み聞かせが心育ての最高にして最適な素材なのではないだろうか。

部分指導計画 絵本『さかさのこもりくんとこふくちゃん』

実施日：平成26年9月6日（金）
対象児：4歳児　ちゅうりっぷ組　男9名　女9名　計18名
ねらい：「さかさ言葉」に親しむ。
　　　　絵本の登場人物の気持ちを考え、伝えることができる。

時間	環境構成	予想される子どもの活動	保育者の指導・留意点
9:30	・手遊び 「わにのかぞく」	・教師の手本をみながら手遊び「わにのかぞく」をする。	・子どもの目線にたち、動作は大きく、はっきり行う。
9:35	・絵本 『さかさのこもりくんとこふくちゃん』 作・絵　あきやまただし ☆仏像の写真　○ 　　　　　　○ ◇保育者　　○ ピアノ　　○ 　　子ども　　ロッカー	・絵本を見る。 『さかさのこもりくんとこふくちゃん』	・子どもの目線にたち、絵本を読む。 ・絵本の持ち方に気をつけ、場面に合っためくり方をする。 ・声色を変え、抑揚をつけて読み進めていく。
9:45		・おのおの発言する。 ・「おもしろくない、あかるくない」 ・「さかさ言葉」を考える。 ・気持ちについて話し合う。	・「さかさ言葉」の例を示す。 ・「おもしろいのさかさは？あかるいのさかさは？」 「ほかにどんな「さかさ言葉」があるかな？」 ・子どもの活動を促す。
9:55	・こもりくん・こふくちゃんのペープサート	・ペープサートを見る。 ・ペープサートを用い、演じる。 ・「あまりうれしくない、悲しい気持ち」 「こもりくんの気持ちがこふくちゃんに伝わったから」	・こもりくん・こふくちゃんの気持ちについて考えるよう促す。 ・ペープサートを用い、こもりくん・こふくちゃんの場面の再現をする。 ・「どんな気持ちかな？かわいい⇔かわいくない」 「なんでうまくいったんだろう？」
10:10		・今日の活動のまとめを話し合う。 自分の言葉遣いを振り返る。	・活動のまとめをする。 <u>相手の気持ちを考えて話すこと、心を込めることの大切さを話す。（おもいやりの心）</u>

118

◎図表7-4　部分指導計画の例

　平成25年9月6日（金）4歳児　ちゅうりっぷ組　（男9名　女9名　計18名）
（1）学級の実態
　・仲の良い友だちと過ごす中で仲間意識が芽生えてくる
　・遊びの中に入るとき、「入れて」というのをためらったり、入れてもらえなくて保育者に訴えるこどももいる。
　・帰りの会で楽しかったことや困ったことなどを、みんなの前で発表することを喜ぶ。反面、自分の発表が終わると、友だちの話を聞けない姿も見られる。
（2）期のねらい（Ⅲ期　9月～10月中旬）
　・自分なりのイメージをもって、遊ぶ楽しさを味わう。
　・気の合う友だちと一緒に楽しく過ごす。
　・夏から秋の身近な自然に触れる。
（3）週のねらい
　・遊んだものはきちんと片づける。
　・自分で思ったことを言葉で表現する。
　・自分なりのイメージを保育者と一緒に表現したり、友だちと一緒に遊びながらいろいろなイメージを楽しんだりする。
（4）昨日までの幼児の実態
　・好きな友だちとイメージを合わせて遊びを継続して楽しむ姿がある。
　・場をつくってごっこ遊びを楽しむ姿がみられる。製作活動や、新しい遊びに興味をもっている子も多くみられる。
　・『さかさのこもりくん』シリーズの絵本になじんでいる。
（5）本日の指導のねらい
　・「さかさ言葉」に親しむ。
　・絵本の登場人物の気持ちを考え、心情を伝えることができる。

絵本教材：
　作・絵　あきやま　ただし『さかさのこもりくんとこふくちゃん』
　　　　　教育画劇　2007年

第8章 小学校低学年の読書の指導実践

子どもたちの多くは、幼稚園や保育所などを経て小学校へ入学する。そのプロセスのなかで読み聞かせを含めた多様な絵本やお話との出会いがある。その出会いは子どもたちとかかわりをもつ多くの人々によってもたらされる。それは家族であったり、幼稚園や保育所の先生たちである。そのバトンを引き継ぎ、小学校でも読書を通じた多様な学びを提供したい。本章では、小学校の先生による子どもの絵本や物語との出会いについて述べていく。

8-1 「どうぶつの赤ちゃんずかん」をつくろう——小学校1年生

『どうぶつの赤ちゃん』は、長年動物園で動物とかかわってきた増井光子氏の書きおろし作品で、小学校1年生の国語の教科書(光村図書)に掲載されている。生き物が大好きな子どもたちは、かわいい『どうぶつの赤ちゃん』にすぐ興味関心を示す。しかし、この話からはライオンとしまうまの成長の対比を通してかわいらしさだけでなく、自然界の知恵や厳しさも読み取ることができる。

小学校学習指導要領の「目的に応じた読書に関する指導事項」では、「カ　楽しむためや知識を得るために、目的や必要に応じて、本や文章を選んで読むこと」とある。そこで、カンガルーの赤ちゃんの話も紹介されているので、動物の赤ちゃんに対する驚きや発見をほかの動物にも広げ、自分から課題をもって読書に取り組む姿勢を育てるために「図鑑づくり」に挑戦させた。

1 段階を追った指導で本にまとめよう

『どうぶつの赤ちゃん』は、『くちばし』『みいつけた』『じどう車くらべ』に続く4度目の「読む力」「書く力」を育てるための説明的文章である。『くちばし』はワークシートを中心に合紙製本で本の形にまとめた。『じどう

『どうぶつの赤ちゃん』では、好きな動物を調べてまとめ『どうぶつの赤ちゃんずかん』として本の形でまとめていくと大事な言葉の定着と学習の達成感が得られ、説明文を読み取る基礎を学ぶことができる。子どもたちは3作目ともなると製本の作業は手慣れてくる。ポートフォリオのように学習したことを本の形でまとめ『どうぶつの赤ちゃん』では、好きな動物を調べてまとめ『どうぶつの赤ちゃんずかん』として本にまとめた。車くらべ』はワークシートの部分と最後に自分の好きな自動車を調べた部分を合わせて本をつくった。本づくりに意欲的だったが、できた本を友達と楽しく読み合うことで、さらに動物への関心が高まった。

2 指導目標と評価規準

指導目標

動物の赤ちゃんに関する本や文章を時間や順序などを考えながら読み、文章の中の必要な言葉や文を書き抜くことができる。

評価基準

国語への関心・意欲態度：動物の赤ちゃんの様子や成長に関心をもって進んで読もうとしている。

読むこと：ライオンとしまうまの赤ちゃんの様子や違いを考えながら大体の内容を読み取ることができる（イ エ）。

書くこと‥自分の選んだ動物の赤ちゃんについて条件にあった文を書いている（ア　ウ）。

言語に対する知識・理解・技能‥敬体で書かれた説明を理解している（イ（キ））。

3　指導の留意点

① 学習前に興味関心を高める環境整備をしておく

動物に興味関心をもたせるためには、学習の少し前から図書室の本を学級にもって来るなどして動物コーナーをつくっておくとよい。家庭にお願いして動物の本を借りることも調べ学習のときに役立つ。その際には紛失しないよう記名するなど管理を徹底する。子どもは新しい本を見かけると手にとって見たくなるものである。図鑑づくりにも利用できるので多めに用意しておきたい。

読み聞かせの時間にほかの動物の本を読んであげることも効果的である。読み聞かせのときには鳴き声クイズ、足形クイズなどのクイズを工夫すると盛りあがる。

② キーワードに沿って読み取る

「生まれたばかりのときは、どんなようすをしているのでしょう」「どのようにして、大きくなっていくのでしょう」の問いを受け、「生まれたときの大きさ」「目や耳」「おかあさんとくらべて」「あるくようす」「おちちやたべもののとりかた」というキーワードに沿って読み取る。

③ キーワードのパターン化

読み取りのパターンに沿って読み取ると同時に、図鑑をつくるときもそのパターンを使って文章を書いて本にまとめていくと書きやすい。好きな動物の本を調べて読んだとき、どの文章を引用してよいかわからない子どももいるので個人差に応じて支援をすることも必要である。

学級に用意しておきたい資料

・『くらべてみよう！どうぶつの赤ちゃん』（全10巻、増井

・『大切ないのちうまれたよ!』(全5巻、今泉忠明監修、学研教育出版、2010光子監修、2008、ポプラ社)
・『みんなが知りたい! 動物のことがわかる本』(東正剛監修、メイツ出版、2009)
・『動物のちえ3 育てるちえ』(成島悦夫監修、偕成社、2014)

『くらべてみよう! どうぶつの赤ちゃん』

『大切ないのちうまれたよ!』

『みんなが知りたい! 動物のことがわかる本』

『動物のちえ3 育てるちえ』

第8章 小学校低学年の読書の指導実践

4 指導計画

①「どうぶつの赤ちゃん」を楽しもう！（1時間扱い）

1時間目：「どうぶつの赤ちゃん」について話し合う。
・本を読む前に動物の赤ちゃんについて知っていることや見た経験を発表する。
・「どうぶつの赤ちゃん」を読んだあと、驚いたことや、おもしろいと思ったことを発表する。

〈子どもの反応〉
「私の家の犬がね、赤ちゃん産んだの。温かくって気持ちよかったよ。」

図鑑類はいろいろあるが、動物の赤ちゃんが生まれたときや成長の様子がわかるものを確認して用意しておきたい。調べ学習のときに赤ちゃんの様子などの情報がないと子どもたちは困ってしまう。また、人間の赤ちゃんの様子も動物と対比させながら読ませたい。

また、よこはま動物園ズーラシアでは「どうぶつの赤ちゃん」のサポート情報をホームページで公開しているので図鑑をつくるときには、印刷して利用するとよいだろう（http://www2.zoorasia.org/archives/ 2014年12月19日アクセス）。

「僕の家だってインコが生まれたんだ。なんだかつるつるしていたなあ。」
「水族館でラッコの赤ちゃんが泳いでいたよ。これくらいだったよ。」
家庭で飼っている生き物や水族館、動物園での体験、テレビや本などで得た子どもたちの知識は予想以上であった。話したくてたまらない様子だったので子どもの話に共感しながらたっぷり時間を取って聞いた。

〈ポイント〉
学級に用意しておいた動物コーナーの本の絵や写真などを利用して、クラスの子どもたちに動物を具体的に紹介するようにする。

② 「どうぶつの赤ちゃん」の様子を読み取ろう！（5時間扱い）

2時間目：ライオンの赤ちゃんが生まれたばかりのときの様子を読み取る。
・大きさ　目や耳のようす　おかあさんとくらべて　うごくときのようす。

〈子どもの反応〉
「ライオンの赤ちゃんはすごく小さいね。目も開いていないよ。なんか猫みたい。」
「模様もお母さんと違うよ。」

〈ポイント〉
形式を決めて最初からライオンの赤ちゃんの様子をまとめると、あとでしまうまと比較しやすい。挿絵を見ながら文章を確認する。子猫の大きさは手を広げて確認するなど体感的にとらえさせたい。

3時間目：ライオンの赤ちゃんが大きくなる様子を読み取る。
・乳を飲んでいる時期と餌をとる時期に分けて読み取る。

〈子どもの反応〉
「人間も歩くようになるのが遅いから似ているかも。」
「お母さんにくわえてもらうなんてちょっと甘えん坊だね。」
「目が開いてきたよ。」

4時間目：しまうまの赤ちゃんが生まれたばかりのときの様子を読み取る。
・大きさ　目や耳のようす　おかあさんとくらべて　うごくときのようす。
・生まれたときの様子についてライオンとしまうまを比べる。

〈子どもの反応〉
「しまうまは、目が開いているし、やぎぐらいだからライオンの赤ちゃんよりも大きいんだね。」
「お母さんと体の模様もよく似ているね。」

〈ポイント〉
やぎぐらいの大きさとあるが、やぎの大きさを知らない子もいるので大きさは黒板に描くなどして確認する。

5時間目：しまうまの赤ちゃんが大きくなる様子について読み取る。
・乳を飲んでいる時期と餌をとる時期に分けて読み取る。

128

・大きくなる様子についてライオンとしまうまを比べる。

〈子どもの反応〉
「しまうまの赤ちゃんは、生まれたらすぐ立ってすごいね。」
「しまうまは、草を食べておとなしいから逃げないと肉食の動物に食べられちゃうんだよ。」

6時間目：ノートをもとにライオンとしまうまの成長の違いを発表する。

〈子どもの反応〉
「ライオンはゆっくり成長するけど、しまうまは成長が早いね。」
「ライオンは敵がないからゆっくり成長するのかな？」
「やっぱりライオンは人間と似ているね。」

〈ポイント〉
・成長の違いを知って思ったことを発表する。

〈ポイント〉
ライオンとしまうまを比べるだけでなく自分たちの成長も振り返らせる。

③「どうぶつの赤ちゃんずかん」をつくろう！（7時間扱い）

7時間目：「どうぶつの赤ちゃんずかん」づくりの計画を立てる。
・カンガルーの赤ちゃんの例をもとに図鑑の書き方を確認する。

〈ポイント〉

B4の画用紙に調べた動物の名前、生まれたときの様子と大きくなるときの様子、動物の絵を描く場所などがわかるように罫線などを印刷しておく。

まとめ方がわかったら、好きな動物や調べてみたい動物を発表させ調べ学習への意欲をもたせる。

8時間目‥動物の赤ちゃんについて書いてある本を読み、赤ちゃんの様子を調べる。

〈ポイント〉

友達同士で動物の本を交換するなど工夫し、なるべくたくさんの本を読めるようにする。

この授業の日までには、なるべく多くの資料を用意しておきたい。

9〜10時間目‥画用紙に調べた動物についてまとめる。

〈ポイント〉

「どうぶつの赤ちゃんずかん」に書くことを黒板に掲示するなどして確認してから作業を行う。

絵を描くときは製本のときに汚れないよう絵の具やクレヨンより色鉛筆などを使用したほうが能率的。作業は個人差が大きいので早くできた子はいろいろな動物を調べさせる。

11時間目‥表紙をつくる。

〈ポイント〉

図鑑の名前、自分の名前、絵を入れることを確認して表紙をつくる。

12時間目：画用紙と表紙を貼り合わせ本にする。

〈ポイント〉

合紙製本の手法で貼り合わせる。画用紙を中表にして半分に折り、天地（上下）を確認して糊で白紙の部分を貼り合わせる。画用紙の背中と端に糊をしっかりつける。最後に表紙は、背中がしっかりつくように注意して、外側の端から端までしっかりつける。全員できたら重い本で重しをかけておくと仕上がりがきれいになる。端の始末は裁断機などでカットするとよい。

13時間目：友達とできた本を見せ合い感想カードを書く。

〈子どもの反応〉

「○○くんがしらべたパンダの赤ちゃんは小さくてびっくりしました。えもじょうずでよかったです。」

〈ポイント〉

感想カードはノートに貼って学習の記録に残す。

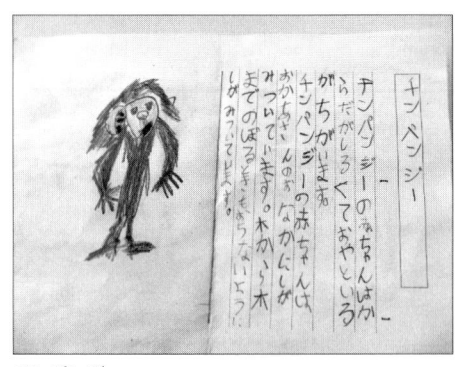

チンパンジー

パンダ

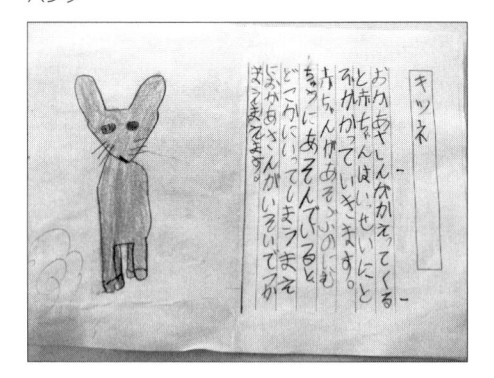

キツネ

表紙　―カンガルー―

◎図表8－1　子どもたちの作品例

5 多くの情報にふれさせよう

子どもたちの作品の中には、クジラの出産の様子など筆者も知らない発見がたくさんあった。図鑑は知識の宝庫である。1年生の子どもでも興味をもつと、どんどん調べて表現する。学年に応じて、調べやすく書きやすい環境を整えてあげることが大切になる。図鑑をつくることで子どもたちの意欲を高め、学習の定着も図ることができた。子どもたちは完成した本をうれしそうに家にもって帰った。家の人に自慢しながら調べたことをたくさん話したことだろう。さまざまな科学読み物にふれることができる環境を整えて、継続的な指導も行っていきたい。

高学年になると調べ学習ではパソコンなどの機器を利用してインターネットで資料を検索する機会が増える。だからこそ、図鑑の利用の仕方や資料の読み方、まとめ方を低学年のときから少しずつ意識して学習していくことが重要なのである。高学年の調べ学習で陥りやすい事例であるが、調べ学習の成果として印刷物を形よく貼った新聞などを見かける。もちろん写真や内容などを効果的に利用する場合もあるだろうが、実際はまとめた本人が印刷した内容さえ読めない場合もある。大切なキーワードを押さえて文章を読み取り、まとめる能力が小学校時代にこそ育てたい大切な情報処理能力である。自分の文章に書き変えていく作業をおこたってはいけないと考える。

低学年の子どもでも興味・関心はさまざまである。だからこそ、学校という場を利用して読書環境を整え、子どもたちの思考が柔軟なうちに読書の幅を広げてあげたい。科学読み物を通して、多くの情報にふれさせることは論理的思考の形成にも大変役立つ。「なぜ？」「どうなっているのかな？」という問いを自ら発信し、進んで調べることができるような子どもに育てたいと願う。

8-2 読み聞かせを活用した読書感想文の指導実践

本を手に取り、読書を楽しむことが好きな子どもはたくさんいる。しかし、読書感想文と聞いただけで「苦手だ」「嫌いだ」という子どもは少なくないだろう。子どもたちに理由を聞いてみると、必ず「どのように書いたらよいのかわからない」という返事が返ってくる。ここでは、筆者が子どもに実際に読み聞かせを行い、読書感想文の書き方について指導した実践について紹介する。子どもたちの苦手意識と書くことへの抵抗をなくし、読んだ後に自分の考えをもち、文章で表現できる子どもが一人でも増えるようにしていきたいと願う。

1 読書感想文と読み聞かせの関係性

① 読書感想文とは

読書感想文とは、本来、読書と感想文が合体したものである。だから簡単に言えば、本を読んで自分自身の感想など、思ったことを書くことである。けれども、筆者自身も、子どもの頃に夏休みに出された読書感想文の宿

題が嫌でたまらなかった。やはり、どのように書いたらよいのかわからなかった。そうして、手が着かないまま夏休みも終わりになりかけ、仕方なくあらすじを書いて終わっていた。今思えば、本を読んで考えたことを膨らませられなかったから書けなかったのである。

青少年読書感想文全国コンクール要旨には、

　子どもや若者が本に親しむ機会をつくり、読書の楽しさ、すばらしさを体験させ、読書の習慣化を図る。より深く読書し、読書の感動を文章に表現することをとおして、豊かな人間性や考える力を育む。更に、自分の考えを正しい日本語で表現する力を養う。

と書かれている。やはり、根底には「まず本に親しむ」ことが大切なのである。その上で「読書の感動を文章に表現」していくのである。まず、読んで何かを思う考えることから読書感想文は、はじまるのである。

2 読み聞かせの重要性

読み聞かせをすることで、子どもたちの心は何倍にも膨らみ、温かく育てることができると考える。筆者が担任しているクラスの子どもたちには、定期的に読み聞かせを行っている。その際、必ず教室のうしろの空きスペースに集め、声が伝わる範囲内で、落ち着いた雰囲気で読み聞かせをするように心がけている。

また、表紙を見せてイメージを膨らませてから読み聞かせをしたり、読み終わった後に感想を出し合い、本をクラス全体で共有したりしている。しかし、あえて毎回ではなく、子どもの反応に応じて不定期で行うことで、本の余韻を残したり、読み聞かせの後は「何か発表しなければいけない」というイメージをつくらないようにしている。

実践例にあげる2年生のクラスでは、1学期には『あらしのよるに』シリーズ（きむらゆういち作、あべ弘士絵、講談社）、エリックカールの絵本（例：『どこへ行くの？ ともだちにあいに』など）、レオ・レオニの作品（例：『フレデリック』など）を読み聞かせしたところ、とても反応もよく、絵本の中に入りこんだ主人公のように聞いていた。

その結果、『スイミー』を学習した後に、レオ・レオニのシリーズを図書館へ借りに行ったり、ザリガニ釣りに行くと、ザリガニの飼い方・育て方の本を借りてきたりと、学習したことをさらに深める手だてとして、子どもたちは本を活用するようになった。

それだけでなく、借りた本の内容の交流も常時クラス内のあちこちで自然に行われ、「次、その本借りようっと」「私も読みたくなっちゃった」と話す姿が見られた。これこそが、筆者は読書感想文につながる第一歩であ

2 読書感想文の書き方指導の実践——小学校2年生

ると考える。読書の習慣化・交流から心が育ち、自分の考えをもつことができ、そこから読書感想文を書くことに抵抗がなくなるのではないだろうか。読み聞かせと読書感想文は実は関係が深いと考えることができる。

そこで、クラス全体に対して同じ本で再度読み聞かせを行い、読書感想文を書くことで、感想交流や内容の振り返りなど、自分の考えを持ち整理して書けるのではないかと思う。そうして、書き方がわかり、書くことへの抵抗がなくなってくれるのではないかと考えた。

① 『しっぱいにかんぱい』を題材に書き方指導を実践する

筆者は、宮川ひろ・作、小泉るみ子・絵の『しっぱいにかんぱい』を実践にあたり教材とした。

この作品のあらすじは、「主人公のかなが リレーのバトンパスで失敗をしたことから始まる。小学校のリレーのバトンパスで失敗をしたことで、ごはんものどに通らないくらい落ち込んでしまう。そんなときにおじいちゃんから電話がかかる。次の日、おじいちゃんの家に行ってみると、いとこたち

『しっぱいにかんぱい』童新社、2008

や横浜のおじさん・おばさんたちが集まってくる。そして、それぞれの失敗談を話していく。ひとつの話が終わるごとに、おじいちゃんの『かんぱ〜い！』のかけ声とともにみんなが乾杯し、笑い話として流していくことで、かなはだんだん元気を取り戻していく……」というものである。

この作品の場面設定である運動会での失敗——これはどの子どもにも実際に起こりうる失敗談であり、とても身近に感じられることだろう。そのことで子どもたちは自分だったら……と本の主人公かなに共感し、ほかの登場人物の失敗談をどんどん読み進めていくたびに、いつの間にか自分が本の中に入り込んで、自分自身の失敗も笑い飛ばせるくらいに読み終えるとすっきりするのではないだろうか考えた。

このように、共感することから、自分自身の実体験に置きかえられる点で、読書感想文を書くための教材として適していると判断して、教材に役立てることとした。

② 実践のねらい

〈本教材でねらうこと〉
・読書の楽しさを味わう。
・読んだ本から、自分の思いを膨らませ、主人公と自分自身を比べることができる。
・自分自身の思いを文章に書きあらわすことができる。

読書感想文を書く以前に、まず読書をすることで本を読むことの楽しさを子どもに体験させ、そのすばらしさ

138

を感じさせたい。『しっぱいにかんぱい』の中に書かれているいくつもの失敗談を楽しんで読む経験をさせたい。また、読んだ後に、読んだ感想を引き出すことで、子どもの思いを膨らませて、自分自身と比べることができるようにさせたい。さらに、子どもの思いや考えを整理し、文章に書きあらわすことで読書をしたことの満足感を味わわせたい。そして、本好きの子どもを増やしていきたいと考える。

3 指導の実際

第1次 本との出会い（1時間目）

〈学習活動〉

・本の表紙を見て、自分なりにイメージをもつ。
・本のイメージを話し合い、意欲を高める。

はじめに、教室のうしろのスペースに子どもたちを集めて、読み聞かせできるように座らせて、なごやかな雰囲気づくりをする。そして、読み聞かせを行う前に、表紙と題名を見せて、どんな本かイメージを自分なりにもたせて、話し合い、意欲を高めた。子どもたちの中からは、

・失敗しても頑張る話だと思う。

・失敗しても、成功して頑張ろうというお話だと思う。
・練習すれば1位になれるお話だと思う。
・どんな失敗か知りたい。

などの意見があがった。成功でなく、失敗という人間の弱さの部分であることが、子どもたちには身近に感じられ、より興味をそそられたようである。
次に、「読書感想文をこの本を読んで書くこと」を話し、「主人公と自分は比べるとどうか」を考えながら話を聞くように子どもたちに投げかけた。

第2次 読み聞かせを聞く（2〜3時間目）

〈学習活動〉
・読み聞かせを聞き、感想をもつ。
・本を読んでの感想を話し合い、書く意欲を高める。

子どもたちはパターン化されたこの「かんぱ〜い！」が気に入り、3話目あたりから、いっしょに「かんぱ〜い！」とかけ声とグラスをつき出す動作で楽しみながら聞いていた。とくに、横浜のおじさんの失敗談のろう下に立たせられた話では、「階段をかけあがっていってみると、なんと太一はいなくて、ろう下に立っていたのは修ではないか」という一文を読んだときには、びっくりして声をあげる子どもがとても多かった。全部で94ペー

140

ジのとても長い話で30分弱の読み聞かせになったが、途中で皆で首を回し深呼吸をしただけで、子どもたちはずっと聞き入っていた。

読み終えた直後に、子どもたちに感想を話し合わせると、

・題名を見たらまた読みたくなった。
・失敗の話をした後に乾杯をするのがおもしろかった。
・失敗しても恥ずかしくないことを教えてくれた。

などの感想があげられた。この場では、教師も深く掘りさげなかったので、「自分と比べて」や「考えさせられたこと」などは出てきていない。そこで、子どもたちの心の思いを深く引き出し、整理する作業が必要と考えた。

第3次 どくしょかんそう文カードを書く（4〜5時間目）

〈学習活動〉
・あらすじを振り返る。
・本を読んで考えたことをカードにまとめる。

今回この作品で読書感想文の実践を行うに当たり、読書感想文の書き方がわからないから嫌いという子どもたちの声が多かった。そのため今回は、『コピーしてすぐ使える司書教諭の授業で役立つワークシート集』（埼玉県

第8章 小学校低学年の読書の指導実践
141

◎図表8−2　どくしょかんそう文カード

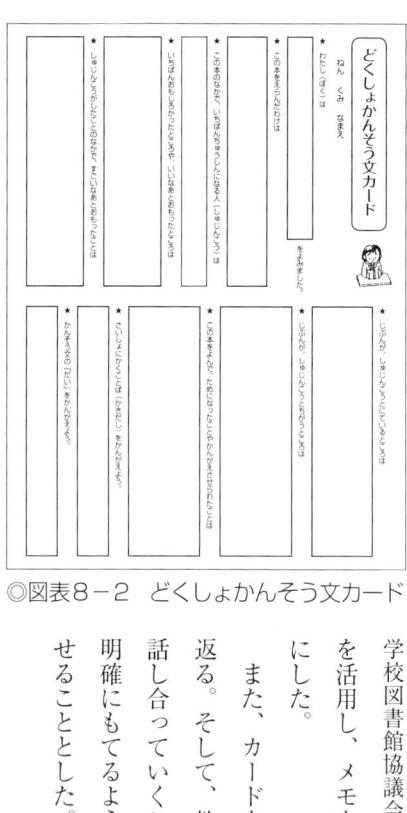

学校図書館協議会編、埼玉県学校図書館協議会、2006）を活用し、メモをとってから感想文書きに挑戦することにした。

また、カードを書いていくにあたり、あらすじを振り返る。そして、カードの項目を一つひとつ発問し、話し合っていくことで、子どもたちが自分なりの考えが明確にもてるように引き出してから、思いのままに書かせることとした。

「どくしょかんそう文カード」より

「いちばんおもしろかったところや、いいなあとおもったところは」……

・おじいさんが失敗に「かんぱ〜い！」って5回も言ったのがおもしろかった
・みんなに失敗があるところが一番おもしろかった
・おばあちゃんがケーキを小さいトラックに置いたら、走っていっちゃったところ
・スーパーで自転車の鍵をなくしておかあさんとかついでもって帰ったところ
・横浜のおじさんが、太一を忘れたまま帰ってしまうところ
・おじいちゃんがすごくやさしいんだなと思った

142

「しゅじんこうがしたこと」のなかで、すごいなあとおもったことは」……
・おちこんでいたかなちゃんが、おじいちゃん家に行ってどんどん笑っていったところがおもしろかった
・なぐさめられて、元気をとりもどしたところ
・がんばったところ
・かなちゃんは、失格になったけど走るのが速いところ

「じぶんがしゅじんこうとにているところは」……
・ルールをわすれてしまうところ
・ルールをあんまり守らないところ
・少し失敗をするところ
・失敗したり、すぐ落ち込んだりするところ
・落ち込むと無口になるところ
・すきなものがごはんで、作る時うれしくなるところ

「じぶんがしゅじんこうとちがうところは」……
・1番になれないところ
・失敗しておちこむところ
・失敗しても我慢してしまうところ

第8章　小学校低学年の読書の指導実践

・走るのが遅いところ
・何があっても楽しくやるところ

「この本をよんでためになったことやかんがえさせられたことは」……
・自分もがんばろうと思った
・だれでも失敗があるというところが、自分が失敗しても立ち直れそう
・失敗しても励ましてもらうと元気になれる
・ルールをわすれてはいけないこと
・失敗したってまたがんばればいいと思いました

以上のように、筆者がひとつひとつ発問し、1時間じっくりと自分と主人公を比べ、読んで考えさせられたことや、自分の意見をまとめカードに書くことができた。カードをしっかり書けたことで、「これなら読書感想文が書けそうだ」と抵抗がなくなってきた子どもや、書く意欲が高まった子どももみられた。その結果、スムーズに書く作業に入れると考えた。

144

第4次　読書感想文を書く（6〜7時間目）

〈学習活動〉

・あらすじを振り返り、話の内容を思い出す。
・カードをもとに、書き方を知る。
・読書感想文を書く。

いよいよカードをもとにして、読書感想文を書く。書く際には、話のあらすじを振り返り、書く順序を提示した。今回は失敗の話なので、自分の失敗談を入れて書くことにした。

作文や読書感想文のように書く活動の場合は、何を書くのか、どんな手順で書くのかを明確にしておくことが大切であると考える。さらにつけ加えると、誰に書くのか相手意識を明確にしておくとよいだろう。今回は書く前に、「友達同士で、同じ本からどんな失敗を思い出し、どんなことを考えたのか書けたら読み合いをしましょう」と相手を友達にして、目的意識として読み合うことを伝えて、同年代の友達が読んでも読みやすいことも意識して書くようにさせた。

まず、板書の前半分、話の内容を子どもの発言の中から、失敗談とともに振り返っていく。子どもの頭の中に話がよみがえってきたところで、いよいよ書き方の指導に入る。書き方は大きく四段落で書いていく。ここからは、板書に①〜④の順で段落のまとまりごとに書き、その都度説明を入れていく。

はじめに、①第一段落では、読む前の印象を書いていくように指導する。その際、読む前の話し合いを振り返

しっぱいにかんぱい

しゅ人こう
　かな→うんどう会
　弟たつや→ハムスター
　　　　　リレー

いとこ
　・ひろし→まどガラス
　・まなみ→スーパーで自てん車
横浜の
　・おじさん→ろう下・おさむ
　・おばさん→トラックにケーキ
おじいさん「かんぱーい!」

◎どくしょかんそう文を書こう
　①だい名を見てどう思ったか
　　どんな風に読もうと思ったか
　②一ばん心にのこったところ
　　しゅ人こうとにているところ
　　ちがうところ
　③自分のしっぱいだん
　④しっぱいから考えたこと
　　どうしようと思ったか

◎図表8-3　しっぱいにかんぱい板書計画

り、各自の書く意欲を高める。

次に、②第二段落では、読んでみての本に対する感想を書くように指導する。ここは、「どくしょかんそう文カード」を各自で振り返らせ、とくに「おもしろかったところ」や「いいなぁとおもったところ」「すごいなぁとおもったところ」に注目させ、自分の気持ちを膨らませる。素直な感想が書けるように、カードを何人かに発表させて、書くことが苦手な子どもの思いも膨らむように十分に時間を取る。

そして、③第三段落では、カードの「じぶんがしゅじんこうとにているところとちがうところ」を振り返り、全員自分の失敗談を書くように指導する。また、失敗したときの状況・気持ち・まわりの様子・どうなったかが入るとわかりやすいことも指導する。ここでは、失敗談なので、皆で発表することはしないが、「はずかしいことはありません。失敗談を笑う人はいませんよね。だから安心して書きましょう」と教師が言うことで、失敗談を抵抗なく書けるような雰囲気作りに努めておくことも大切である。

最後に、④第四段落では、第三段落で書いた自分の失敗談

をもとに、「そこから考えたこと」や「自分は今後どうしていこうかと思ったか」など、思考を表現していくよう指導する。読書感想文の中での一番のポイントは、実はここである。本の感想をもとに自分の実生活や、人生にどう影響を受けたか、まずはどのような意欲が膨らませて書けるとすばらしいと考える。

ただし、あくまでも今回ははじめて指導される2年生なので、「失敗したことからどんなことを学んだかな」など、失敗経験から学んだことを書くよう指導し、あまり深くは掘りさげなかった。しかし、どう書いていいのかわからず、「また読んでみたいと思った」や「おもしろかった」など、自分の失敗談から、本の感想へと戻ってしまう子どもも多かった。

第5次　書いたものを読み合う（8時間目）

〈学習活動〉

・書いた作品を読み合い、共有する。

子どもたちは、このようにして、読書感想文を書きあげていった。そして、書いた作品を交換し読み合ったが、どの子どもも互いに「こんな失敗したのね」「こんなことを考えたのね」と教師側が指導しなくても、意見交流を自然としていた。これも、これからの学習に必要な「伝え合い」の活動であり、心を豊かにさせる大切な活動である。あえて、形式的にではなく自由に意見を交流させることで、読書をして思ったことを大切にしながら、読書の楽しさやすばらしさを感じられるだろう。

また、今回同じ本を読み、読書感想文を書いていることで、友達の作品の意見にも共感することができるので

第8章　小学校低学年の読書の指導実践

④ 読書感想文を書いたことからわかること

読書感想文の評価においては、前の「2 実践のねらい」で述べた3つの観点から行う。具体的には、どくしょかんそう文カードと読書感想文作品と読み合いの交流から総合的に評価を行う。

『司書教諭ガイドブック』（埼玉県学校図書館協議会編、埼玉県学校図書館協議会、2004）の「読書感想文」には、

優れた感想文とは　→　作品内容を深く理解している。読書の楽しさが伝わる。その子どもの姿が見えてくる。読書によって子どもが変容している。

と書かれている。やはり、書くことだけに焦点を当てずに、まずは読書を楽しみ、そこから子どもが自分の思いを膨ら

書き方の指導の第一歩としては、子どもにとって効果的であったと考える。

148

ませ、書いて表現できることが重要なのである。その点からも、今回、小学校で1冊の本を取りあげて、学級全員に読み聞かせをして、その本で読書感想文指導を行うことは効果的であったといえる。

また、今回の実践を行ったことにより、子どもたちは、「夏休みに同じように書いてくれればいいんだね」と口々に言うようになった。読書感想文を書くことに対して意欲が高まり、抵抗はなくなってきたことがうかがえる。

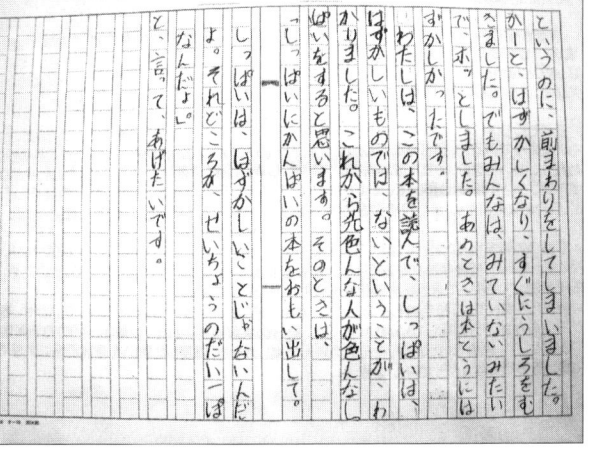

◎図表8-4　子どもが書いた作品

書き方に関しては、筆者自身もどのように本の内容から実生活へと視点を移行し、書かせることがよいのかという点に課題が残る。今回は、自分の失敗談を入れた、板書①〜④の方法を書き方のひとつの手順として、指導を行った。しかし、むしろ肯定的に、子どもの読んで楽しかった、満足した思いを原稿用紙に表現できるような指導法を今後も追求していきたいと考える。

引用文献

（1）「青少年読書感想文全国コンクール　応募要項の本コンクール開催趣旨」全国学校図書館協議会・毎日新聞社、
http://www.dokusyokansoubun.jp/youkou.html（2014年12月10日アクセス）

（2）司書教諭専門委員会『司書教諭ガイドブック』埼玉県学校図書館協議会　発行　2004年2月1日　初版、54ページ

第9章 しょうかいします、わたしのおすすめの本
――小学校3年生

はじめに、小学校での読書を勧める取り組みについて述べる。それから、小学校学習指導要領に明示された「本の紹介」を単元の指導計画に取り入れた指導実践について述べる。ここで取りあげるのは小学校3年生1学期の実践である。単元構成は、「1 『ありの行列ができるわけ』について書かれた説明的な文章を読む」「2 昆虫などの小さな生き物について書かれた本を選んで読む」「3 読んだ本を紹介し合う」である。

1 読書を勧める取り組み

子どもたちは、本を読んでもらうのが好きである。

筆者の勤務校では、朝の活動の時間に毎週1回、保護者による「読み聞かせ」を行っている。朝の15分間、全学年を対象に1、2名ずつの保護者が教室を訪れ、読み聞かせを行っている。在学児の保護者はもちろん、卒業生の親も加わって、子どもたちに本を読む楽しさを伝えようと協力してくれている。どの学年の子どもも、楽しんだり、考えたりしながら、本の世界に浸っている。

読書の好きな子どもも多く、図書館の本をよく借りている。さらに読書を奨励しようと、図書館では、児童図書委員会が図書館職員と司書教諭の指導のもと、春と秋の「読書週間」として、イベントを行っている。主な取り組みは、次のとおりである。

① 図書委員特製の「しおり」をプレゼントする。
② 本をたくさん借りた人に、「読書賞」を贈る。
③ 「読書の木」の取り組み。本を借りたら「葉っぱ」のシールを1枚ずつプレゼントする。それを図書館に掲示した「クラスの木」に貼って、「クラスの木」を葉でいっぱいにする。春は緑の葉、秋は紅葉や木の実を貼る。

◎図表9-1　多読賞賞状（「読書賞——たくさん読んだね」）

この読書週間には、地域の公民館で活動している読み聞かせのグループが訪れ、全校集会で楽器や歌を加えた読み聞かせをしたり、民話を語ったりしている。この時期、子どもたちの図書の貸し出し数もぐんと多くなる。

図書委員会では、このほかに図書館での読み聞かせや、児童集会でのブックトークなども行っている。『これはのみのぴこ』（谷川俊太郎作）の群読*も披露した。

しかし、学年が進むと、本をたくさん借りる子どもと、そうでない子どもとの読書量の差が大きくなる。また、低学年でも積極的には本を読まない子どももいる。進んで本を読む子どもを増やそうと、地道に一歩を進めている。図書館の本をたくさん借りた子どもに、学期ごとに「多読賞」を贈り、全校朝礼で賞賛するなどの取り組みもしている。賞状は、手づくりのミニ賞状であるが、子どもたちはとても喜んで、次の読書への意欲となっている。図表9－1にあげたのが、賞状の例である。

*群読とは、複数の人で朗読する方法である。

2 読書や本の紹介——小学校学習指導要領での位置づけ

2011（平成23）年度に完全実施となった小学校学習指導要領では、「C　読むこと」のうち、「目的に応じた読書に関する指導事項」として、第1、2学年「カ　楽しんだり知識を得たりするために、本や文章を選んで読むこと」、第3、4学年「カ　目的に応じて、いろいろな本や文章を選んで読むこと」、第5、6学年「カ　目的に応じて、複数の本や文章などを選んで比べて読むこと」があげられている。

中学年では、読書活動の目的として、楽しむことや調べることに加えて、読みたい内容をしぼって読む、書き手をしぼって読むなどが考えられる。読書の範囲を広げるために、学校図書館などの施設の利用方法を学び、図書を紹介するブックトークなどの活動や読書案内、新刊紹介などを積極的に利用する態度を養うことが必要になる。友達同士でおもしろかった本の紹介をしたり、同じ題材の本を交換して読んだりするなど、読書への関心を高め、クラスにおける読書生活を整えるようにすることが大切である。

「読むこと」の言語活動例のうち、本実践とのかかわりが深いのは、次の項目である。

　イ　記録や報告の文章、図鑑や事典などを読んで利用する言語活動
　エ　紹介したい本を取り上げて説明する言語活動
　オ　必要な情報を得るために、読んだ内容に関連した他の本や文章などを読む言語活動

本の紹介や推薦に関する言語活動例は、低学年の「オ　読んだ本について、好きなところを紹介すること」、中学年の「エ　紹介したい本を取り上げて説明すること」、高学年の「エ　本を読んで推薦の文章を書くこと」である。いろいろな本や文章を読むことの意義や楽しさを体験させ、読書を日常的に行う読書生活を構築させていきたい。

3　3年生の実践──教材の読解から読書へ

1　主教材『ありの行列』（大滝哲也著）について

本教材は『国語三上』（光村図書）に掲載されている「問題提起──実験・観察、研究──結論」の尾括型(びかつがた)で、基本的な文章の展開になっている。指示語や接続語、文末表現などを手がかりにして、要点や文章構成をつかませることが比較的容易にできる。

2　目標

○中心となる語や文をとらえ、段落相互の関係や事実と意見との関係を考えて、文章を読む。

○昆虫などの小動物を題材とした本を選んで読み、紹介し合う。

③ 評価規準

【国語への関心・意欲・態度】書かれている事柄に興味や関心をもち、昆虫などの小動物を題材とした本を選んで読み、友達に紹介しようとしている。

【読むこと】段落ごとの要点や段落相互の関係を正しくつかむとともに、昆虫などの小動物を題材とした本を選んで読んで紹介している《『小学校指導要領』国語〔第3学年及び第4学年〕C 読むこと（1）イ 目的に応じて、中心となる語や文をとらえて段落相互の関係を考え、文章を読むこと。カ 目的に応じて、いろいろな本や文章を選んで読むこと》。

【言語についての知識・理解・技能】指示語や接続語や文末表現に注意して読み、段落の役割を理解している〔同〔伝統的な言語文化と国語の特質に関する事項〕（1）イ 言葉の特徴やきまりに関する事項。（ク）指示語や接続語が文と文との意味のつながりに果たす役割を理解し、使うこと〕。

④ 指導計画 （全10時間予定）

第1次　学習計画を立てる（1時間）

1時間目：教材文を読んで、ありの行列について書かれていることを知り、初発の感想を交流し合う。新出漢字の学習をする。

第2次　段落ごとの要点を読み取る（6時間）
2時間目：「段落」について知り、第一段落から「問い」の文を見つける。
3時間目：第二・三段落を読み、ウィルソンの実験・観察とわかったことを読み取る。
4時間目：第四・五段落を読み、第二の実験・観察と結果を読み取る。
5時間目：第六・七・八段落から、研究の成果を読み取る。
6時間目：第九・十段落から、「問い」に対する「答え」「ありの行列ができるわけ」を読み取る。
7時間目：段落ごとの要点を整理して、文章構成をつかみ、感想をまとめる。

なお、教材文を読むのに、できる限り「音読」を取り入れた。音読することにより、理解も深まる。家庭での音読練習も奨励し、「音読カード」に毎日継続して記録させた。

第3次　昆虫や小さな生き物について書かれた本を選んで読書し、読んだ本を紹介し合う（3時間）
8時間目：昆虫や小さな生き物について書かれた本を選んで読書する。
9時間目：自分の読んだ本を「おすすめの本」として紹介するため、本のいいところや、おすすめの言葉、感想などを書いてまとめる。
10時間目：「おすすめの本」を紹介し合う。

第9章　しょうかいします、わたしのおすすめの本
——小学校3年生

4 説明的な文章を読んで感想を書こう

本単元は、文のまとまりを「段落」ということを知り、説明的な文章を、文章に即して正確に読むことの第一歩となる。文章の読み取りを進めながら、その方法をしっかりと身につけさせたい。主教材の読み取りが深まれば、7時間目以降の学習も充実するのは、もちろんであるが、ここでは、読書につながる過程である「説明的な文章を読んで、感想をまとめる」の実践について記す。第二次、7時間目である。

> 「ありの行列」を読んで、わかったことや思ったこと、調べてみたいことなどを書いて、発表しましょう。

あおい 「ありの行列」を読んで思ったことは、「ありってこんなことができるんだ。すごいな」ということです。わたしが考えたことは「ありって小さいけど、一生懸命えさを運んでえらいな」ということです。

みさき 「ありの行列」を勉強して、ウィルソンは、すごく天才だと思いました。わたしは、今までありの行列がなぜ続くのか知りませんでしたが、この勉強をして初めて知りました。

ひなた ありにしかかげないにおいって、どんなにおいかな。今度、ありの巣を見つけたら、観察したいです。

しょう ぼくは、小さいときから虫が大好きでした。ありには詳しかったけど、ありが巣から離れるときと帰るときに液を出すことは、知り外に出ていたのは、全部はたらきありなのかな、と思いました。ありはおしりのところから液を出すことです。

ななみ　①の段落の「問題」と、⑨の「答え」があるとわかりました。

れん　ありがすごく食べ物が好きだということもわかりました。

たくみ　ウィルソンという学者は、いろいろな実験をしていました。このように実験をしたり、観察したりするということは、すごく大事だと、ぼくはわかりました。

もえ　わかったことは、ありはたくましいということです。あと、ウィルソンは、すごい研究をして、すごいと思いました。

さくら　わかったことは、ありが道しるべに何かつけておいたことです。わたしも、ウィルソンみたいな物知りな人になりたいです。

　　　　　ませんでした。「ありの行列」を読んで、初めて知りました。ぼくが知っていることは、おすありがめすありと結婚すると、めすありが女王ありになることです。おすは、結婚したらすぐに死んじゃいます。

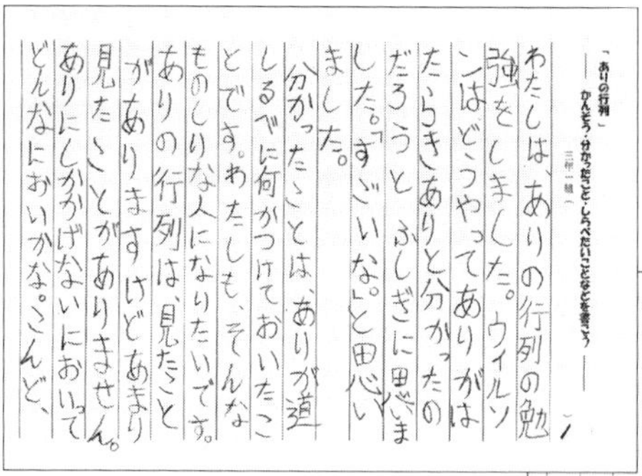
「ありの行列」
かんそう・分かったこと・しらべたいことなどを書こう
三年一組

わたしは、ありの行列の勉
強をしました。ウィルソ
ンはどうやってありがは
たらきありと分かったの
だろうとふしぎに思いま
した。「すごいな。」と田心い
ました。
分かったことは、ありが道
しるべに何かつけておいたこ
とです。わたしも、そんな
ものしりな人になりたいです。
ありの行列は、見たこと
がありますけどあまり
見たことがありません。
ありにしかかげないにおいって
どんなにおいかな。こんど、
1

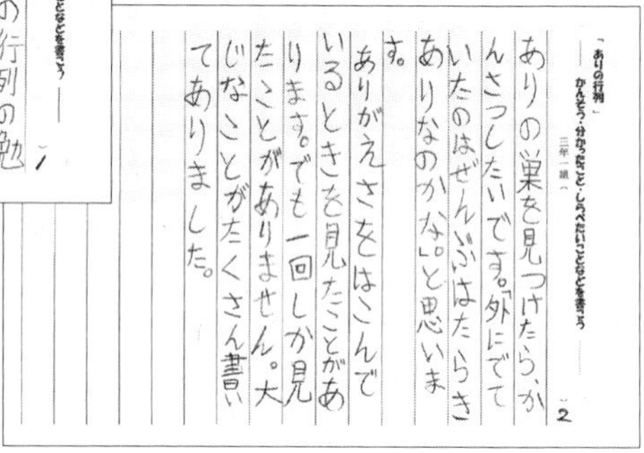
「ありの行列」
かんそう・分かったこと・しらべたいことなどを書こう
三年一組

ありの巣を見つけたら、か
んさつしたいです。「外にでて
いたのはぜんぶはたらき
ありなのかな。」と思いま
す。
ありがえさをはこんで
いるときを見たことがあ
ります。でも一回しか見
たことがありません。大
じなことがたくさん書い
てありました。
2

◎図表９－２　『ありの行列』の子どもたちの感想文の例

いうことがわかりました。

つばさ　ぼくが調べたいことは、「ありの巣の中はどうなっているのか」です。あと、「どこからはたらきありたちが出てくるのか」も調べたいです。

けんた　ぼくも「ありの巣の中はどうなっているか」調べたいです。「ありの巣の中にはどんな部屋があるのか」を調べたいです。

あい　調べたいことを発表します。それは、「ありの行列は木の上でもできるのか、できないのか」を調べたいです。

図表９－２にあげたのが、子どもの感想などを書いた文章の例である。２人の作品をあげる。

感想を書くときに子どもたちは、文章に書かれていることや要点を確認する。感じたことや疑問点を書くことによって、自分の考えをはっきりさせることができる。話し合ったり、考えを出し合ったりするときは、自分の考えをきちんともたせることが大切である。文章を読んで考え、

5 おすすめの本、しょうかいします──第3次8〜10時間目

まとめたことを発表し合うことは、友達の感想や考え方に触れることである。この活動により、自分と友達の似ているところや違いに気づかせるとともに、一人ひとりの感じ方や考え方の似ているところや違いに気づかせることができた。

教材文の題名にもなっている「あり」は、ふだん、学校の校庭や家の庭、地域の公園などでも見慣れている。だから、子どもたちはいろいろ知っている。が、同時に、「教材文を読んで初めて知ったことがある」と、ほとんどの子どもが言っている。「ありにはこんなにも不思議があったのか」という驚きによって、身近な自然に対する関心が高まり、実験や観察のおもしろさに興味をもった。そして、「もっと調べてみたいこと」もたくさんあげられた。3年生の子どもたちが調べる手立てとしては、「人に聞く」や「インターネットで調べる」などもあるが、「手近なところにたくさんある『本』で調べよう」ということから、次の学習活動である「おすすめの本の紹介」に自然な形でつなげることができた。

① 昆虫や小さな生き物について書かれた本を選んで読もう

図書館で、昆虫や小さな生き物について書かれた本を探して読もう、と投げかけた。探すのに当たって、日本

十進分類法（NDC）による本の並べ方を教える。理科や算数に関係した本は、「４」分類の棚にあることを知らせた。子どもたちは、図書館の本にきちんとした「住所」があることに、驚いたり、感心したりしていた。本単元で活用できそうな本を取り出して、大きな机の上に広げる。かなりの数の本がある。子どもたちは、昆虫などの本の多さと、NDCの並べ方の便利さに気づく。あわせて、「０」分類「総記」の棚に、百科事典類が配架されていて、調べ学習に便利だということを教えた。

本を何冊か読み、気に入った本を借りていって読み、気に入ったことの中から、紹介したい内容を見つけさせる。前の時間にすでに気に入った本があった子どもは、その本を紹介しようと積極的になっていた。また、学級文庫にも、４分類の本があるので、教室にお気に入りの本がある子どももいた。

② 「おすすめの本」を紹介できるようにしよう（９時間目）

この時間の活動は、読んだ本のいいところやお勧めの言葉や感想などを書いてまとめることである。自分の読んだ本を「おすすめの本」として紹介するために、本のいいところや気に入ったところなどを知らせたり、感想を伝えたり、お勧めの言葉で聞き手に訴えたりできるよう、文章に書いてまとめさせた。子どもたちが書いた作品については、次の時間の項目で記す。

ここでは、学校図書館にある本から、昆虫や小さな生き物についての本を、いくつかの視点からピックアップして示す。このほかにももちろん、３年生に勧めたい数多くの本が出版されているので、指導にあたっては、事前に自校の図書館で蔵書をみて、教材研究することが必要である。また、シリーズものとして何冊かセットで発

162

行されているものも多いが、そのうちの1冊について記す（ここでは、本のタイトルを示し、書誌は参考文献としてあげた）。

①生き物の生活史や行動等を写真やイラストで伝える本（写真絵本などと呼ばれるものもある）

『やあ！出会えたね　カブトムシ』
『生き物発見シリーズ　アリ』
『科学のアルバム・かがやくいのち　3トンボ』
『ふしぎいっぱい写真絵本　8どこにいるの？シャクトリムシ』
『虫たちのふしぎ』
『写真絵本　ぼくの庭にきた虫たち　①テントウムシ観察記』
『新版かんさつシリーズ　6カイコの一生』
『いのちのかんさつ　1アゲハ』など

②「虫の目カメラ」のように生き物の見ている世界を写真にしたり、生き物の生態や行動にストーリー性をもたせて書いたりしている本（写真絵本などと呼ばれるものもある）

『栗林さんの虫めがね　1発見』
『アリから　みると　（かがくのとも傑作集）』

どの本を読もうかな

第9章　しょうかいします、わたしのおすすめの本
　　　　──小学校3年生

『ぼくたち親子だよ ダンゴムシの親子 まるちゃん、たびにでる』
『ドキュメント 地球のなかまたち 葉っぱをまく虫 オトシブミの季節』
『セミたちの夏（図鑑NEOの科学絵本）』など

③疑問からおもしろい発見をしたり、調査や観察を前面に出したりしている本。「昆虫記」などもここに記す。

『ファーブルえほん昆虫記 2まほうのひとさし カリバチ』など
『雄太昆虫記 ぼくのアシナガバチ研究所日記』
『昆虫の研究 チョウが消えた？』
『虫たちはどこへいくのか クロコノマチョウがおしえてくれたこと』
『ずら〜りイモムシ ならべてみると…』
『ふしぎ発見シリーズ ⑥いもむしのうんち』

④生き物の探し方や飼い方が中心になっている本

『虫の飼いかた さがしかた』
『かいかたそだてかたずかん 7カブトムシのかいかた そだてかた』
『昆虫のかいかた そだてかた』
『はじめての飼育と栽培 3ダンゴムシ』
『校外学習に役立つ みぢかな飼育と栽培 ②アリ』など

たくさんの本

164

⑤図鑑

『小学館の図鑑・NEO　昆虫』
『学研の図鑑　昆虫』、
『ポプラディア大図鑑　WONDA　昆虫』、
『見ながら学習　調べてなっとく　ずかん　ハチ』など

③「おすすめの本」を紹介しよう〔10時間目〕

本実践では、学級の児童数が19名とあまり多くないので、全員の前で本の紹介をすることとした。こうすると、全員の紹介したい本について、直接聞くことができる。

クラスの児童数が多い場合は、グループで発表し合うことも考えられる。この場合は、子どもたちの紹介した本の題名などを掲示したり、「学級通信」や「国語便り」などで紹介したりするなどの手立てを取って、ほかのグループの子どもの紹介した本についても全員に知らせるとよい。

子どもたちの発表した「本の紹介」を、いくつか紹介する。次にあげるのは、教科書教材と同じ「あり」についての本を紹介した、子どもの紹介文である（りお）。

同じ『アリからみると』を、別の子どもは次のように紹介している。

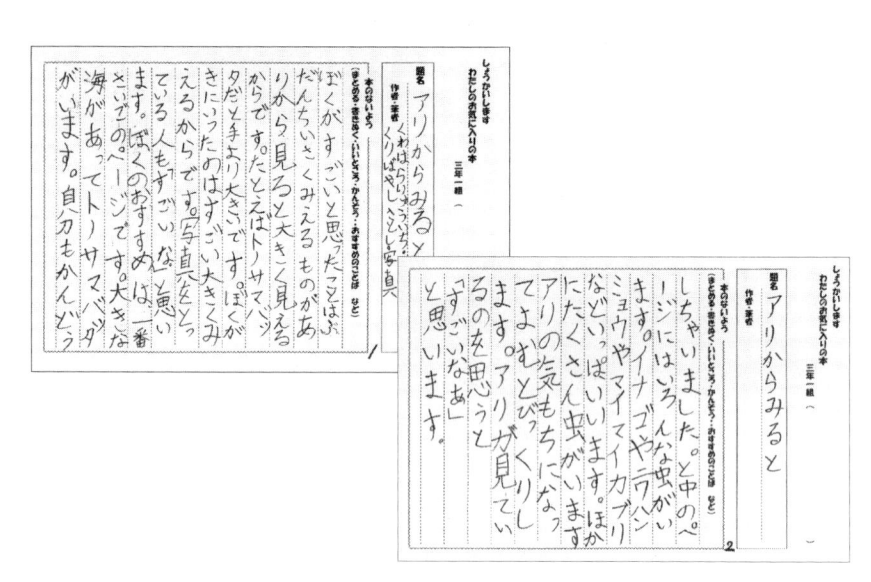

◎図表9-3　しょうかいします、わたしのお気に入りの本

熱心に読む

発見したことを友達と共有する

お勧めの本を紹介する

こうた　『アリからみると』（栗林慧・桑原隆一）

ぼくがおすすめしたい本は『アリからみると』です。この本は、ありから見た風景がのっています。ありの世界はまるでミクロの世界でした。

この本のおもしろいところは、自分がありの気持ちになれるところです。みなさんもぜひありの気持ちになってみてください。そうすれば、もっともっとこの本を楽しめると思います。ぼくは、一度でもいいので、ありになってぼうけん（冒険）してみたいです。

この本を読んで、ありのことをもっともっと知りたくなりました。それなので、これからもありを観察するなどしたいです。みなさんもぜひありの気持ちになって読んでみてください。

次の紹介文からは、昆虫が好きな様子がよく伝わってくる。この子どもは、本の写真を提示して、紹介が効果的に行えるよう工夫していた。

いつき　『トノサマバッタ』（佐藤有恒・小田英智）

ぼくは、ほかの虫にはできないと思う、トノサマバッタのすごいことをしょうかいします。トノサマバッタの赤ちゃんは、土の中を進むとき、じゃまにならないように、しょっかく（触角）や足を体にぴったりつけるのです。

次に、ぼくがおどろいたことをしょうかいします。トノサマバッタが羽を広げてとぶと、5、6メートルとぶ場面がすごいです。

ぼくが気に入った写真をしょうかいします。アフリカ大陸のスーダンで発生したバッタの大群の写真が、気に入った写真です。

次は、3年生が総合的な学習の時間の学習で、これから飼育・観察する予定の「カイコ」についての本の紹介である。

まお 『カイコ　まゆからまゆまで』（岸田功）
この本は、3年生が今年飼う、カイコがのっています。3年前、お兄ちゃんがカイコを飼っていました。カイコは、よく見るとかわいいです。この本には、カイコのだっぴ（脱皮）のしかたや、食べる物や飼い方が分かりやすくのっています。カイコの食べるものは、くわ（桑）の葉です。わたしの家の近所の家にくわの木があります。わたしもくわの葉をもらって、カイコにあげて、しっかり世話をするつもりです。
この本には、カイコのしいく（飼育）のれきし（歴史）ものっています。これを読めば、カイコのことがくわしくわかります。この本の最後に、幼虫から成虫までのことや、まゆの作り方がのっていて、さらに、飼うときにひつような材料ものっています。
ぜひ借りて読んでみてください。

6 本を紹介する喜びが読書の世界を広げる

『ありの行列』を読み取ってから、自分で選んで本を読み、その本を紹介し合うという過程で学習を進めたことにより、昆虫や小さい生き物について書かれた本を進んで選んだり、友達と一緒に本を探したりして、意欲的に読書しようとする姿がたくさん見られた。自分がおもしろいと思った本を友達に紹介して、本のおもしろさを友達と共有したり、紹介した本に友達が関心をもってくれたりすることは、子どもたちにとって、たいへんうれしいことである。そのような学習体験を通して、教材文を読むことや読書に対する関心や意欲を高められた。

また、本を紹介するのには、紹介するのにふさわしい理由を説明することが必要となる。選んだ本の内容や構成をよく理解しようと本を読み込んでいたことを、紹介文や発表から見取ることができた。本の紹介をした後で、教材文に戻って、再度「ありの行列」の音読を進めた。本単元の学習を通して、昆虫や生き物の本の好きな子どもはもちろん、ふだん生き物や自然科学の本をあまり読まない子どもたちも、図書館に生き物のおもしろそうな本がたくさんあるのを知り、生き物についての本に興味をもった。この音読に、教材文の読み取りが深まったことが感じられた。

さらに、図書の分類や配架の基本を知って、読みたい本を積極的に探して読むようになった。これまでと違った分野の本を読むことも増えた。子どもたちの読書の幅がぐんと広がり、読書の世界が広くなったのである。あわせて、教材文や本を読むことにより、昆虫や小さな生き物についての知識が増え、整理されて、理科の「昆虫の成長」の学習の理解も深まった。

第9章 しょうかいします、わたしのおすすめの本
――小学校3年生

第10章

自分でページをめくれるよ！ 特別支援学校で絵本を使った授業実践

読みたい本を読むことや学びたいことを学び、知ることは、人をいきいきとさせ、気持ちを向上させる力をもっているだろう。では、障害のある子どもたちにとっても同じであろうか。これから述べていく授業実践は、身体に障害（麻痺などがある）があり、知的な発達に遅れがある子どもへの指導である。

1 特別支援学校の教育について

障害がある子どもへの教育とはどんな指導をしていくか、法的な根拠はあるのかなど、疑問をもつ人もいる。小学校・中学校・高等学校の先生の中にも「障害児への教育とは？」と考えている先生も少なくない。まずは、障害児への教育の法的根拠について述べる。

学校教育法の第72条には、特別支援学校の教育の目的として、

特別支援学校は、視覚障害者、聴覚障害者、知的障害者、肢体不自由者又は病弱者（身体虚弱者を含む。以下同じ。）に対して、幼稚園、小学校、中学校又は高等学校に準ずる教育を施すとともに、障害による学習上又は生活上の困難を克服し自立を図るために必要な知識技能を授けることを目的とする。

と示されている。この法を受けて、学習指導要領がある。

特別支援学校小学部・中学部学習指導要領「第1章　総則」には、次のようなことが目標として書かれている。

　第1節　教育目標

　小学部及び中学部における教育については、学校教育法第72条に定める目的を実現するために、児童及び生徒の障害の状態及び特性等を十分考慮して、次に掲げる目標の達成に努めなければならない。

（1、2は省略）

3. 小学部及び中学部を通じ、児童及び生徒の障害による学習上又は生活上の困難を改善・克服し自立を図るために必要な知識、技能、態度及び習慣を養うこと。

このように、障害の状態を理解し、特性を生かし、環境に応じながら、教育を進めていくことが特別支援学校の教育であると考えている。その中でも「訪問教育」とは、どのような教育なのだろうか。

2 訪問教育

肢体不自由特別支援学校には「訪問」という学部・学級に所属している子どもがいる。訪問教育とは、子どもの自宅に教員が訪問して授業を行うことである。

学習指導要領の指導計画の作成等に当たって配慮すべき事項の中には、

障害のため通学して教育を受けることが困難な児童又は生徒に対して、教員を派遣して教育を行う場合については、障害の状態や学習環境等に応じて、指導方法や指導体制を工夫し、学習活動が効果的に行われるようにすること。

172

とある。

具体的には、訪問教育は、健康・体力などの理由から学校に登校することが難しい子どもの諸条件を考慮した指導である。不十分な教育制度を補完する教育という側面もあるが、一人ひとりの子どもの諸条件を考慮した学習形態で、不十分な教育制度を補完する教育という側面もある。

東京都の訪問教育の歴史は国の動きよりも早く、1969（昭和44）年に渋谷区、府中市、八王子市などで始まった。翌年の1970（昭和45）年に東京都教育委員会は、訪問教育を制度化し、小・中学校に肢体不自由学級を設置し、小平養護学校（現・小平特別支援学校）の長期欠席児童への教育保証として、訪問教育がスタートした。さらに、国が「希望者全員入学」とうたった1974（昭和49）年には、すべての区町村に「訪問教育」は広がっていった。1990年代に入ってからは、高等部の訪問の要望が高まった。現在では、小学部から高等部の子どもすべてが訪問教育を受けることができる。

3 どんな子どもが訪問教育を受けているのか

筆者の前任校では、小学生から高校生までの15名〜17名の子どもたちが訪問教育を受けていた。どのような障害や理由があるのだろうか？

健康面で安定した登校の保証が難しいことや医療的ケアが複数あること。家庭の都合などで訪問教育を選択し

*1 医療的ケア：子どもに対する医療行為（例、栄養注入、吸引、導尿、酸素など）。

4　教員の1週間の動き

特別支援学校の教員と訪問教育の教員では、1週間の動きが異なる。訪問教育では、一人の子どもにつき、週3回、1回の授業は2時間が東京都の原則である。午前中1軒、午後1軒。授業の前後には移動や昼食も含む。1日に2軒まわる日は、実態の異なる子どものため、二人分の教材をもって移動をする。

筆者の前任校では、一人の教員につき子ども二名を担当していた。長期間入院し、病院での授業を受ける子どもが転校してきた場合は、病院に行って授業を行うこともある。そのほかに訪問の教員がそろって会議をする部会や複数訪問[*3]と子どもの宅から宅への授業を届けるのである。

て学習を進めている。また、長期入院中に病気の治療を受けながら授業を受ける病院訪問[*2]もある。病院のベッドサイドなどで教科の授業を行い、退院後、在籍していた学校にスムーズに戻れることを目標に学習を進めている。障害や病気はあっても子どもたちは皆勉強は大好きであり、新しいことを学ぶことに意欲的である。教員が訪問することを楽しみにしていることを表情や声で伝えていた。また、教員が伝える言葉が子どもの知的な好奇心や心情面を育て、言語感覚を高めているのである。絵本の最後のオチがわかり、「ニコッ」と笑っておもしろさを伝えていたときもあった。

週3回2時間の授業は長いようで短く、内容がギュッと詰まった学習を自宅で行っている。教員は1回1回の授業を大切に、気を抜かずに授業づくり、教材づくりに励んでいる。

174

◎図表10-1　当時の筆者の1週間の動き

	午前		午後	
月	部会	移動	病院訪問	移動
火	B宅		A宅	
水	B宅		教材研究	
木	A宅		複数訪問	
金	B宅		A宅	学校に戻る

　訪問教育では、教材などたくさんの荷物を持って、バスや電車に乗って子どもの待つ自宅へ行くことになる。天候の悪いときなどは厳しいが、筆者としてはやりがいを持って取り組むことができた。
　調理学習では、小さな炊飯器やオーブントースターを持って子どもの家まで移動した。

*2　病院訪問：肢体不自由校は近隣の小児科がある病院と連携を取って進める。長期にわたる治療。たとえば、白血病や小児がん、骨折などの治療を受けながら、在籍校の教科書を使って授業を進める。筆者の前任校の場合、訪問する病院はひとつ。肢体不自由校の在籍地によって病院の数は異なる。

*3　教員が2名で訪問すること。

5 教育課程について

子どもの知的発達によって、次の3つの教育課程に分かれている。

① **自立活動を主とした教育課程**‥障害が重複する（知的発達や肢体不自由、視覚的・聴覚的な障害を併せもつ）子どもへの教育課程。健康面を第一に考えて授業を進める。

② **知的代替課程**‥言葉やシンボル、アイコンタクトなどによるコミュニケーションが取れ、やり取りをしながら学習を進める。ことば・数などを中心に学習を行う。知的特別支援学校に準じた教育課程。

③ **健常児の教育課程に準ずる**‥知的に障害がない子どもに行う教育課程。通常学校の教科書を使って学習を進める。

筆者が担当する子どもの教育課程は、①にあたる。具体的な教科は、音楽、国語（中・高等部）、特別活動。また、さまざまな教科の要素を取り入れた生活単元学習（国語、算数、数学、社会や理科、道徳、図工などのさまざまな教科の要素を入れた学習）、あそびの指導（小学部のみ）、自立活動（姿勢や健康を維持・授業を受けるために身体や呼吸・姿勢を整えること）、日常生活の指導（学習の始まりと終わりの会など）

これらの教科を週3回、1回2時間の授業の中に収めるのである。基本的には教員が1人で訪問し授業を進めるが、月に2回程度、担任以外と教員と2人で訪問する複数訪問と

いう指導がある。1人では、なかなかできない大きなストレッチボールを使ったダイナミックな自立活動や調理学習、さまざまな楽器を使っての音楽などを行う。複数訪問は、評価をする際に複数の教員の視点で子どもを評価することができる、利点もある。担任以外の教員とかかわりをもちながら指導していくことが、訪問指導にも大切である。ある日の授業内容は、子どもの健康チェック後、日常生活の指導（始まりの会・終わりの会）、自立活動は毎回の授業で行う。体調によっては授業内容を変更することもあるので、2、3パターンの授業内容を用意して訪問するのである。

6 絵本『トマトさん』を使った実践例

筆者が2年間担当した小学部4年生のAくんは、難病による中途障害[*4]（Aくんの場合は病気によって四肢の麻痺になり自由に動かすことができない）である。元気なときは、よく電車の絵を描いていたと保護者から話を聞いていた。都内を走る電車から地方を走るローカル線や電車や吊革の形や長さなどもよく研究していた。担当した2年間のうち1年間（小学3年生）の生活単元学習では、電車が登場する絵本や独自の教材をつくって学習をしてきたが、電車の学習から抜け出すためには、どのような内容がいいのか、Aくんの興味を広げるためにはどうすればいいのか、とても悩んだ。

*4　人生のなかばで病気やケガにより今までもっていた機能が使えなくなること、支障がでること。

担当して2年目の夏休みに、3冊の絵本とその絵本の読み聞かせを録音したテープをつけて宿題にした。夏休み中に絵本を家族と見たり、テープを聞いたりして、一番気入った絵本を2学期に学習することを家族と、約束した。2学期の始業式に『トマトさん』のテープを聞くと、体の緊張がすっと抜け、リラックスすることができました。気に入っているようです」と保護者から報告があり、『トマトさん』（田中清代作、福音館書店、2006）の学習をすることになった。親しみのある人の声による読み聞かせは、緊張や不安を解消する要素があると改めて学んだのである。また、この絵本を単元設定することで、電車以外の学習内容が始まると感じた。

『トマトさん』をAくんにとってわかりやすく、視覚的に課題のある子どもに見やすくするには、どうすればいいのか試行錯誤がはじまった。物語とダイナミックな絵のよさを失わずに学習に生かすには、どのような展開をしていけばいいのか、とても悩んで学習をつくっていった。

◎図表10-2　ある日のAくんの時間割（1回の訪問授業の時間割）

20分	日常生活の指導	始まりの会（あいさつ、呼名、予定など）
45分	自立活動	体の取り組み（落語や流行歌を聴きながら）
45分	生活単元学習	絵本（『トマトさん』）
20分	日常生活の指導	終わりの会（授業の評価など）

178

7 Aくんが展開する授業をつくるには

障害があってもなくても子どもが主役になり、受け身ではなく自分自身が学習を展開していくような授業づくりをするのが教員としての腕の見せどころだと、筆者は日々感じて授業づくりに専念している。今回の授業もAくんができることを生かして授業を展開したいと考えた。

肢体不自由特別支援学校では、子どもが自分の思いや考えを手や足、頭、目、口元などの体の一部分を動かせるところを見つけ出し、タイミングよく動いたことで返事をしたと読み取ることがある。たとえば、呼名の際に名前を呼び、目のまばたきや口元を動かしたことで「はい」と返事をしたことと読み取り、「じょうずに返事ができましたね」と、教員は評価をしていくのである。子どもの微細な動きを捉えて授業に生かすのである。

さて、Aくんが自分の思いを伝える場所はどこか。意図的に動かせる部分はどこだろうと、改めてAくんの観察から始まった。並行して『トマトさん』をどのようにAくんに見せるかを考えていった。

Aくんの手や足は、棒のように強い緊張が入り、私たちのように自由に動かすことは難しい。どこが自由に動かせるのだろうか。よく観察していくとヘッドコントロール（頭を支え、左右自由に動かすことができる）が、じょうずなことがわかった。頭部——とくに頬（ほほ）を使っていくことにした。

『トマトさん』の絵本については、さまざまな先生方に相談し、Aくんのできることを説明すると、パソコン

頬に当たるように棒スイッチを作成した

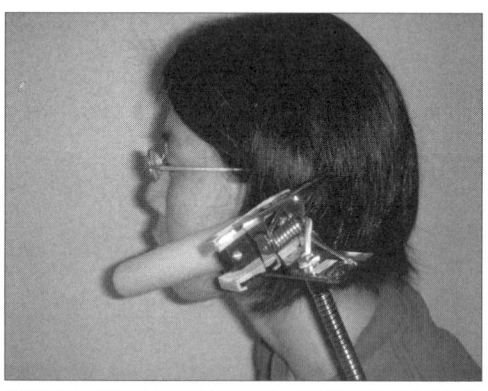

頭部を軽く顔を動かすことでスイッチが入るような仕組みである（装着者は筆者）

◎図表10-3　ページをめくるためのスイッチ

を使用して、Aくんがスイッチを入れることで場面が変わるようにした。筆者が朗読したナレーションを入れ、トマトさんが困っている様子や、仲間が気持ちを合わせて活動する様子などを声で伝わるように心がけた。

Aくんがスイッチを入れることで、棒スイッチが入り、パソコンの場面が変わり、朗読を聴くことができるようにした。Aくんが頭部を動かさなければ場面も変わらないし、ナレーションも聴くこともできないようにになっている。繰り返し学習することで、頭部を動かし、頬がスイッチに当たるタイミングがよくなっていった。また、

180

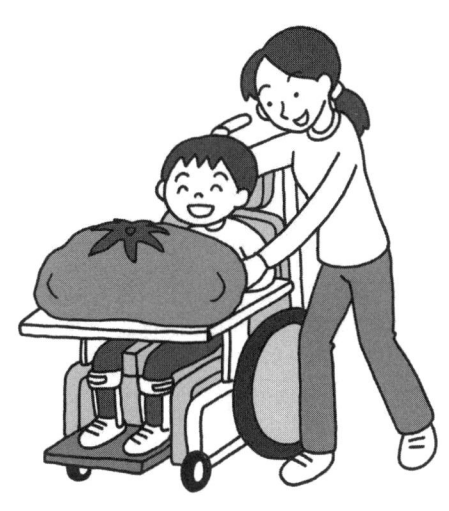

好きな場面が近くなるとスイッチを勢いよく押すこともあった。

学習の最後にトマトさんが友達の力を借りて川の中に入る場面を見立て遊びの活動を取り入れた。トマトさんに見立てるために、赤い布でつくった大きな巾着袋の中にストレッチボールを入れた（トマトらしく見えるように緑のフェルトでつくったヘタもつけた）。*5（183ページ）床面にスイッチ型伝達装置を置き、川に見立てた水色の布の中に特大トマトさんが落ちるとスイッチから、「ザブーン」と音が出る仕組みである。Aくんの視線や発声による合図で教員と一緒に特大トマトさんを押し、床に落とせるようにした。うまくスイッチ型伝達装置の上に落ち「ザブーン」と聴こえたときの表情は「やったぞ！」と言っているように自信にあれ

◎図表10-4 スイッチ型伝達装置

ていたのを今でも覚えている。

Aくんが毎回『トマトさん』の学習を楽しみにしていたときからよく伝わった。見通しがもて「これはできる！」と、Aくんが自信をもって意欲的に学習準備をしているときからよくわかった学習になった。緊張のため、声が出しづらいAくんだったが、この授業では、トーンの異なる声もたくさん聴くことができた。

8 子どもが主役になる授業づくりを

どんなに障害が重く、進行性の病気であっても、子どもたちは「勉強をしたい」と強く願っていることが訪問教育を担当したことでわかった。新しい学習を始めるときの子どもたちのドキドキとした表情は忘れられないものとなった。学ぶことは生きる意欲にもつながっていることを、筆者は子どもたちの姿から学んだ。

訪問教育では、教員は子どもが待っている限り、障害の特性などの実態に合った教材をつくり、自宅まで運び授業を行うのである。また、子どもが伝えるさまざまな意味のある表情や、こちらが驚くような反応や動きをして、新たな可能性を見つけ出す授業でもある。これからも授業を通して、コミュニケーションや情緒、豊かな言語感覚を育て、子どもたちのその基盤を高めていきたいと考えている。

そのひとつとして、絵本を題材とした授業を組み立てることをお勧めしたい。「子どもたちにこれを伝えたい」と思う絵本をパネルシアターや紙芝居などに、教員が工夫して加工することですばらしい教材になる。読み

182

手が、身近な存在の教員であることで、子どもが安心して物語の世界に入り、その中で想像力を生かして学習することができると、筆者は実践するたびに感じている。ただ、作品のよさを消さずに生かすことが、教員の役割でもある。

障害のある子どもたちに、確かな学力をつけるためにも、もっと絵本を積極的に活用してほしい。そして、教材の工夫することで、子どもたちが主役となれる授業をつくってほしいと切に願う。

筆者が授業で使った絵本と教材の一例

パネルシアター：『ノンタン　にんにん　にこにこ』（キヨノサチコ作、偕成社、1987）、『3びきのくま』（トルストイ作、バスネツォフ絵、福音館書店、1962）。

パラソルシアター（傘をもちいたシアター）：『パパお月さまとって』（エリック・カール作、偕成社、1986）。

ペープサート：『サラダでげんき』（角野栄子文、長新太絵、福音館書店、2005）、『ぞうくんのさんぽ』（なかのひろたか作、福音館書店、1977）。『わたしのワンピース』（にしまきかやこ作、こぐま社、1969）。

パソコンを使用した教材：『どうぶつのあしがたずかん』（加藤由子文、ヒサクニヒコ絵、中川志郎監修、岩崎書店、1986）。

＊5　コミュニケーション機器の一種。録音機能がついていて、音楽やセリフなどの声を録音することができる。スイッチを押すと録音した音が流れる仕組み。

コラム

さまざまな絵本

私たちが、書店や図書館で目にする本（絵本）は、紙に印刷されており、自分でページをめくって読む、あるいは、めくってもらって目や耳で読む。いわゆる普通の本である。

では、さまざまな要因で読むことが困難な子どもや人への本はあるのであろうか。読書の楽しみを伝えるさまざまな本をいくつか紹介したい。

・大活字本
辞書や小説などがある。文字を大きくしたもの。通常のものよりページ数が増えるため1冊の小説が3、4冊になることもある。

・点字本
点字を使用した本。指の触覚を使って読書や調べ物をする。ただし、点字がある程度、「触読」できないと難しい。点字本の入門としては、雑誌「テルミ」（一般財団児童教育振興財団　年6回発行）がお勧めである。触覚を使って迷路をしたり、あみだくじをしたりして点字に親しむことができる。

- さわる絵本・布の絵本

　肢体不自由や知的障害のある子どものために工夫された絵本。布や感触の異なる紙を使いながら、ボタンを留めたり、ひもを結んだりして、手指を使って感覚を感じ取って読み進める本。とても有名な『はらぺこあおむし』（エリック・カール作、偕成社）は、1冊1冊手づくりで、素材の感触を生かしてつくられている。最近では、絵本の入門（あかちゃん絵本）としても読まれている。

- ＬＬブック

　生活年齢や発達年齢（知的年齢）に合わせたわかりやすい表現で書かれた本。理解力や読解力が乏しい子どもにも有効な本である。ただし出版数が少ない。

- マルチメディアDAISY（デイジー）

　通常の印刷物を読むことが困難な人のためのデジタル録音図書。読書は、パソコンなどを利用し、文章を読みあげる機能や読んでいるところをハイライト表示しながら読み進めることができる。読む速度やハイライトの色を利用者に応じてカスタマイズできる。マルチメディアDAISY（デイジー）については、障害がある人以外は利用できないと著作権法で禁止されている。

- 電子書籍

　書籍の内容をデジタルデーターにし、パソコンやスマートフォンなどで楽しむことができる。

さわる絵本の例

第11章

全校で取り組む読書指導——小学校や小中一貫校の実践

担任としてクラスの子どもたちにいろいろな本に出会ってほしい、読書が好きになってほしいと願いながら学級経営をしている教員は多いだろう。しかし、担任一人でたくさんの本を集めたり、読書推進の取り組みをしたりするには限界がある。学校全体で取り組み、さらに活動の幅を広げるにはどうしたらよいのか。ここでは、全校で取り組む読書の指導について実践から述べたい。

❖

1 いろいろな人の読み聞かせやブックトークを聞こう

筆者が教員になった20年ほど前と比べると、学校の中で読書を通じて担任以外の人と交流する機会が増えた。

そこで、校内で行われる読書を通じた交流をいくつかあげてみたい。

① 担任

筆者は、子どもの頃担任の先生が給食中に毎日5分ほど読み聞かせをしてくれたことが今でも忘れられない。そこで筆者も、給食の時間には、毎日読み聞かせをしている。

小学校低学年では、『大きな木がほしい』(下の写真のように本を2冊用意して綴じ糸を外してつなげると、読んでいるうちに本がどんどん伸びて子どもたちがびっくりする)(さとうさとる文、むらかみつとむ絵、偕成社、1971)、『1ねん1くみ1ばんげんき』(後藤竜二作、長谷川和子絵、ポプラ社、1985)、『エルマーのぼうけん』(ルース・スタイル・ガネット作、ルース・クリスマン・ガネット絵、福音館書店、1963)、『火垂るの墓』(野坂昭如著)などを取りあげた。

読んでいるうちに本が伸びる仕掛け

小学校中高学年では、『窓ぎわのトットちゃん』(黒柳徹子著、講談社、1981)、『五体不満足』(乙武洋匡著、講談社、1999)、『バッテリー』(あさのあつこ著、教育画劇、1996)などを取りあげた。毎日読み続けていると、まだ給食を食べ終わっていないうちから「先生早く読んで」と言われたり、「次は、これを読んでね」と読んでほしい本を子どもがもってきたり、「早く続きが知りたくて図書室でトットちゃんを借りたよ」と言ってきたりと、うれしい声をたくさん聞くことができる。このように、読み聞かせが子どもと教員のコミュニケーションを図るよいきっかけにもなっている。

また、個性の強い「トットちゃん」や障害のある「乙武くん」が同じクラスの仲間として個性を発揮し成長していったように、担任しているこどもたちも、お互いを認め合い、個性を発揮できるクラスになってほしいという筆者自身の思いも込めて読んでいる。

給食時間は食の細い子どもや好き嫌いのある子どもへの指導、アレルギーがある子どもへの対応、学習が遅れている子どもへの個別指導など、ほかにたくさんするべきことがあり、あわただしい時間ではあるが、担任が毎日継続して読み聞かせをすることができる貴重な時間と考え、長年続けている。

② 担任以外の教員や学校の上級生

入学式当日、わくわくどきどきして登校した1年生だが、入学式の前後は待ち時間も多い。そこで、新入生補助の担当になっている教員が、絵本や紙芝居を用意しておいて、読み聞かせることで緊張をやわらげ落ち着いて待っていられるようにしている。

188

また、入学後数週間、担任が朝の打ち合わせで不在になる時間や朝読書の時間に、1年生のお世話係になっている6年生が毎日絵本や紙芝居の読み聞かせを行う。筆者が同じ校舎に中学生もいる小中一貫校に勤務していたときには、中学校3年生が小学校1年生の教室を訪れ、世話をしながら読み聞かせを行っていたこともある。読み聞かせや朝の準備の手伝いを通して1年生は6年生や中学校3年生となかよくなり、年間を通して休み時間やたてわり班の活動など、校内でなかよく遊ぶ姿を見かける。

単独の小学校では、中学生と交流をもつことは時間的になかなか難しいが、同じ校舎内に小中学校がある一貫校の場合、中学生と小学生が交流しやすい。

③ 読み聞かせ集会

現任校では年2回「読書旬間」という読書に関する取組みが春と秋に2週間ずつ設定され、図書委員の児童と担当教員がいろいろな企画を提案して全校児童の読書を推進している。

春の「読み聞かせ集会」では、4年生が2年生に、5年生が3年生に、6年生が1年生に一人対一人、または一人対二人で、自分の選んだ絵本や物語の本を朝の15分間に読み聞かせる活動を行っている。上級生はこの日のために、担当する下級生がよろこんでくれそうな本を選び、自分のクラスメートを相手に読み聞かせの練習をした上で当日を迎える。い

読書旬間活動の様子——自分の選んだ本を低学年の子どもに読む

いつもは、少々はずかしがっている子どもも、目の前の下級生のためにとせりふや情景がよく伝わるように工夫して音読をする様子が見られる。たてわり班の上級生が自分のために読んでくれるので、下級生は大変楽しみにこの日を待っていて、読んでもらっている間集中して聞いている。上級生、下級生ともに一生懸命さが伝わってくる活動である。

秋の「読み聞かせ集会」は、子どもたちに教室と本の題名だけ書いてある一覧表を見て、選んだ本の読み聞かせをしてもらえる教室へ移動する。すると、そこにその本を読む先生が現れる。子どもたちは、誰が読み聞かせをしてくれるのか、わくわくしながら先生がくるのを待っている。

④ 授業を発展させた言語活動での交流

小中一貫校に勤務していたときには、中学生と小学生の交流もよく行っていた。

ひとつ例をあげると、中年生がグループごとに2年生におすすめの本の紹介をしたあと、2年生は説明文の学習でつくった「たんぽぽクイズブック」を一人ずつ7年生（中学校1年生にあたる）に読んで、クイズを出す活動を行った。本の紹介ポスターをつくったり、クイズブックをつくったりするときも、他学年の子どもたちに聞いてもらうという目的があるため大変意欲的に取り組むことができた。

小中一貫校での言語活動の交流の様子

5 図書スタッフ

図書の時間には、子どもが自分で選んだ本の貸し借りの手続きを行うだけでなく、図書室に配属されている図書スタッフが読み聞かせやブックトーク、アニマシオンを行っている。そのために、毎月末に読書指導の年間指導計画をもとに担任と打ち合わせを行い、次の月の内容を決めている。国語で物語を学習する際には同じ作者の作品を取りあげ、生活科でザリガニつりに行くとなればザリガニの生態がわかる本やザリガニが主人公になっている絵本を取りあげるなど、各教科の学習内容に応じて事前に本を集めて紹介してもらうことができる。また、紹介した本は、学級文庫としてその単元を学習している間教室の本棚に置き、子どもが直に本を手に取って読むこともできるので、読書カードを用意して関連図書を子どもが何冊読んだか記録させたり、子どもにブックトークをさせたりと学習の幅を広げることができる。

子どもに人気のあったアニマシオンゲーム

① **ダウトを探せ**‥続けて2回同じ本を読むが、2回目は少しずつ登場人物の名前や持ち物など文章が変わっている。それに気づいたら「ダウト！」と声を出して読み聞かせを止める。

② **アイテム合わせ**‥あらかじめ登場人物が手に入れるいろいろなアイテムが印刷されたカードを無作為に子ども

図書スタッフによるアニマシオンゲーム

に一枚ずつ配っておく。読み進むにつれ、自分のもっているアイテムがお話に出てきたら、すばやくカードを頭の上にあげて知らせる。

③ **「のはらうた」をつくった動物を探そう**：工藤直子さんの「のはらうた」の中から詩の本文と作者として書かれている「かまきりりゅうじ」「こねずみしゅん」などの動物の名前を黒板に貼り、詩の内容から、その詩をつくった動物を当てる。

6 保護者や地域の読み聞かせボランティア

前任校では、1〜4年生は年間21回、朝読書の時間（15分間×21回＝7時間分）に読み聞かせボランティアが各学級に一人ずつ担当して読み聞かせを行っていた。5・6年生には、カリキュラムの違いから朝ではなく、年に数回となるが図書の時間にボランティアがブックトークを行っていた。

子どもは読み聞かせボランティアが来る前日になると、明日はどんな本を読んでもらえるのだろうと、ワクワクして待っている。教室にはボランティアの予定表が貼られていて、いつ誰のお母さんが教室に来て本を読んでくれるのかわかるように掲示されていた。また、保護者だけではなく、すでに子育ての終わった地域の方もたくさんボランティアに参加していたため、毎回全クラスで読み聞かせを行うことができていたのだと考える。

アイテム合わせで使用した教材

192

ボランティアの方たちは、朝の読み聞かせが終わると毎回会議室に集まって、自分の読んだ本に対する子どもの反応や気づいたことを話し合い、次回の打ち合わせをしてから帰っていく。ただ、この振り返りの時間は朝の会や授業中なので、担任は参加しにくい。そこで、普段は専科の教員が図書ボランティアの窓口となって連絡をとったり、年度末に教職員とボランティアの方たちの交流会を放課後に設け、1年間のお礼を伝えたりお互いに気づいたことを話し合ったりする。子どもからのお礼の手紙を渡す場合もある。

現任校でも年に数回、国語の帯学習の時間（15分間）にボランティアの人たちが1・2年生の各教室で読み聞かせを行っている。

読み聞かせボランティアの人たちは、普段子どもが読んでいる絵本のほかに飛び出す絵本や音の出る絵本、大型絵本や紙芝居、パネルシアター、エプロンシアター、手遊びを交えた読み聞かせ、本を使わない語りによる読み聞かせなど、さまざまな楽しい工夫をしてくれるので、毎回大人気である。また、英語が得意なボランティアは英語の絵本を読んでくれることもある。

保護者ボランティアは、読み聞かせのほかに蔵書点検の手伝い、

エプロンシアター『かにむかし』　ボランティアによる紙芝居

第11章　全校で取り組む読書指導

2 読書旬間の取組み

現任校では、前述したように年2回ほど図書委員の教員と子どもたちを中心に「読書旬間」という取り組みを春と秋に2週間ずつ行っている。ここでは、どのような取り組みなのか紹介していく。また、⑦は通年の取り組み、⑨については前任校での取り組みを紹介している。

① 読書旬間中には必ず各学年で何か読書に関する活動をする（4年活動例「百科事典の使い方をマスターしよう」・1年活動例『大きなかぶ』の絵本比べ読みをしよう）。

② 分類番号1〜10まで全部読もうスタンプラリー（1〜10まですべての分類番号のついた本を読むと図書委員の作成したしおりや賞状がもらえる）。

③ 全教員による「おすすめの本」の紹介カードとカードに紹介されたおすすめの本を図書室のある廊下に展示する。読書旬間が終わったら、紹介カードは本の裏表紙に貼られて本棚にもどされるので、その後も本を選ぶときに手に取った本が誰のおすすめの本だとわかるようになっている。

④ 図書室を訪れた子どもが、おすすめの本を葉っぱの形のカードに書いて図書室の壁の木の枝に貼っていく「読

書の木をつくろう」（カードを記入して読書の木に貼ると、しおりや本についていた付録などがもらえる）。

⑤ 上級生と下級生がペアになって読み聞かせを行う「読み聞かせ集会」。

⑥ 教員が自分の選んだ本を読み聞かせる「読み聞かせ集会」。子どもは事前に、教室名と本の題名だけを書いた一覧表が渡されており、当日自分の選んだ本を読んでもらえる教室に向かう。すると、その本をおすすめしたい教員が現れて読み聞かせをする。そのため、誰が読んでくれるのかは、教室に行ってみてはじめてわかる。

⑦ 読書記録ファイル。これは、読書旬間ではなく、通年での取組みではあるが、自分の学校で読んだ本を記録し、低学年は100冊、中高学年は50冊を超えると、図書室内の掲示板に名前が載ったり、賞状がもらえたりする。

⑧ おすすめの本のスピーチ。筆者の担当した学年では、通年でいろいろなテーマを設定して1日1人ずつ朝の会でスピーチを行っているが、読書旬間のときには、テーマを「お勧めの本を紹介します」として、自分がその本を好きな理由や感動した場面などについて紹介する活動を行っている。そして、自分のスピーチが終わると、教室のたなに「友達の本コーナー」を設置してお互いに自由に本を手に取れるようにしておく。すると、休み時間や朝読書の時間には友達の紹介した本に興味をもって手に取る様子が

教員による「おすすめの本」の紹介カード　　ボランティアによる図書室の壁面装飾

第11章　全校で取り組む読書指導

⑨おすすめの本のチャレンジカード。筆者の前任校での実践。図書委員と教員で「おすすめの本チャレンジカード」を低・中・高学年向けに作成し、全児童に配布する。カードには20冊ずつ題名が書いてあり、20冊すべて読み終わると図書委員から賞状がもらえる。全冊読み終わると図書委員から賞状がもらえる。

3 図書室を気持ちよく利用するための指導

このように、図書スタッフや保護者ボランティアにも手伝っていただき、大変利用しやすくなっている図書室であるが、子ども自身がそれを保つ心がけをすることもきれいで使いやすい図書室に保つのに大変重要である。

そこで、毎年4月に行われる図書の時間の1回目では図書スタッフを中心に図書室の使い方の指導を行っている。とくに、小学校入学直後の1年生には「図書室が大好き」「本となかよし」になってもらうためにも、図書室の約束や本の並び方のルールを知り、マナーを守って使う気持ちを身につけてほしいと考えている。

そのため、次のような約束をポスターや紙芝居、ゲームも交えて指導していく。学校によって、約束は多少異なると思うが、公共の図書館を利用するマナーにもつながるものなので、しっかり身につけさせたい。

どくしょスタンプラリー

図書室を利用するときの約束

① 図書室に来るときには手を洗ってくる。
② 図書室では大きな声で話さない。
③ 図書室の中で走ったりふざけたりしない。
④ 図書の時間、貸し出しが終わったら1冊選んで一人で読む（貸出し手続きが終わった本がうすい場合には、手提げの中に入れ、図書室ではほかの本を選んで読んでいてもよい。
⑤ 貸し出しカードに必要な事項をていねいな字で記入し、貸し出し手続きを行う図書スタッフが見やすい向きにして本と貸し出しカードをカウンターで出す。
⑥ 読書を中断したいときには、しおりを使い、机の上に背表紙を上にして開いて置かない。
⑦ 本に落書きをしたり、破いたりしない。
⑧ 借りている本を友達に貸さない。
⑨ 2冊のうち1冊はお話の本を借りる（1回に借りられる本が複数冊ある場合、学習まんがやなぞなぞ、迷路、図鑑などだけしか借りない子どもがいる場合、この約束を入れておくと、長めのお話を読むようになる）。
⑩ 数冊借りるときは、手提げをもってくる（低学年は移動中本や筆箱、図書ファイルを落としやすい）。
⑪ 辞書などひものしおりが入っている本はしおりをはさんでから本棚に入れる。

4 読書指導年間計画と教育計画

今では、多くの学校で取り入れられている「朝読書」の時間が、筆者の勤務校でも設定されている。ランドセルを置いて荷物を整理し、ひとしきり友達と会話をすると、予鈴がなって全校で静かに朝読書が始まる。子どもは、家から本をもって来たり、図書室で借りたりして一人1冊本を机に入れている。教室の後ろにある学級文庫から本を選ぶ子どももいるので、1学期ごとに50冊ずつ図書スタッフが本を入れ替えてくれる。筆者は、自分自身の子どもが小さい頃に読んだ家にある本も教室に持ち込んで学級文庫としているので、さらに多くの本が教室にある。そのため、課題が早く終わったときや5分休みなど、すきまの時間にも自然に本を手に取る習慣がついている子どもが多い。

ここまで述べてきたように、朝読書や読書旬間で行われているような学校全体での取り組みは、子どもを読書好きにするのに大変有効であると考えられる。

誰しも担任した子どものためにと、いろいろな読書活動を取り入れることだろう。しかし、担任一人では行いづらいことも実践をしていくうちに出てくる。その場合、学校に配属されている図書スタッフや司書教諭に相談できると大変心強い。学校にスタッフがいない場合は、公共図書館のスタッフに相談することも有効である。

また、読み聞かせ集会の設定や、読書旬間の取組み、朝読書の時間の設定など学校全体で取り組むことで成果があがることもたくさんある。兄弟学年やたてわり班のメンバーで行う異学年交流としての読み聞かせも新しい本を読むきっかけとなる。

品川区立G小学校　学校図書館学習計画　　1年

月	利用指導・情報活用	教科	読書活動　○は指導時数	教科	備考
4月			なかよし ・春の読み物を読もう② 　（読み聞かせ）	国語	
5月	がっこうとしょかんへいこう ・借り方、返し方を知ろう おおきくなあれ ・いろいろな種を本で見つけよう 　はるとともだちになろう ・春の虫を調べよう	国語 生活	おはなしをよみましょう 「いいものみつけた」②	国語	
6月	がっこうとしょかんたんけん ・絵本の並び方を知ろう	国語	いろいろなおはなしをききましょう② 　（読み聞かせ）	国語	
7月	げんきに　そだて ・ハムスターや虫の育て方を調べよう	生活	おはなしをたのしみましょう 「たぬきのじてんしゃ」② 「いきものの　あし」 ・説明文を読みましょう② おはなしをたのしくよみましょう 「おおきな　かぶ」 ・外国の民話を読もう②	国語 国語 国語	
9月	あきと　ともだち ・秋の生き物やドングリを調べよう	生活	いるか　らいおん ・詩の本を読もう① 月よに① むかしばなしをよもう 「うみの水はなぜしょっぱい」②	国語 国語 国語	
10月	まめ ・植物や動物のことが書かれている本で調べよう	国語	「うみはごきげん」② 「まめ」①	国語 国語	
11月			はじめは「や!」 ・秋の読み物を読もう②	国語	
12月			どくしょあんない② 「みてみておはなし」 ・読書感想画の本を読もう①	国語 図工 (国語)	
1月	ふゆとともだち ・冬の生き物を調べよう くらしをまもる車 ・図鑑で調べよう	生活 国語	くらしをまもる車② ことばで　あそぼう ・ことば遊びの本を読もう①	国語 国語	
2月	むかしのあそびをしよう ・お正月遊びや昔の遊びを調べよう	生活			
3月			ろくべえ　まってろよ ・いろいろな本をたのしもう② うれしかった ・詩の本を読もう①	国語 国語	

品川区立G小学校　学校図書館学習計画　　4年

月	利用指導・情報活用	教科	読書活動　○は指導時数	教科	備考
4月	図書館を利用して調べよう ・公共図書館を活用しよう ・日本十進分類法の決まりを知ろう ・ラベルから本を見つけよう 水はどこから ・暮らしの中で使われる水について調べよう	国語 社会	白いぼうし ・シリーズになっている本を読もう③	国語	
5月	春の自然 ・百科事典の使い方(目次・索引)を知ろう	理科	むささびのひみつ あめんぼはにん者か ・科学読み物を読もう②	国語	
6月	言葉のいずみ1・2 ・漢字辞典の引き方を知り、使ってみよう インターネットの正しい使い方 ・パソコンやインターネット利用のルールを知ろう	国語 市民科	継続は力なり ・偉人や先人の生き方を本から学ぼう②	市民科	
7月	夜星を見よう ・視聴覚メディアを利用して星について調べよう 夏休みの自由研究の計画を立てよう	理科 理科	ポレポレ ・夏休みの読書計画を立てよう① ・「おすすめ本」カードを書いて紹介しよう②	国語	
9月	図書館を利用して調べよう ・地図や白地図・統計資料(年鑑)の読み取りや、ガイドブック作りなどの資料活用の仕方を知ろう 月や星 ・視聴覚メディアを利用して月の動きを調べよう	社会 理科	詩を読もう ・同じ作者の詩の本を読もう② 言葉から風景を創造しよう ・百人一首や短歌を詠もう② 見学したことを書こう ・見学したことをまとめるために必要な資料を読もう②	国語 国語 国語	
10月	私たちの東京 ・地図帳・インターネット活用をもとに調べたことをまとめよう	社会	手で食べる、はしで食べる ・今に伝わる文化について述べた本を探して読もう②	国語	
11月	昔のくらしと道具 ・古くから伝わる道具について本やインターネットを使って調べよう	社会	ごんぎつね ・新美南吉のほかの作品を味わおう② ・民話を読もう①	国語	
12月	きゃく本を作ろう ・物語をもとに、きゃく本を書こう 冬の夜空 ・視聴覚メディアを利用して星の動きを調べよう	国語 理科	読書案内 ・いろいろな本を読んだ中からおすすめの本を選ぼう②	国語	
1月	品川用水 ・年表や文章資料の読み取りの仕方を知ろう	社会	点字を通して考える ・共存・共生をテーマとしている本を読もう②	国語	
2月	使った資料を整理しよう ・調べたことを表やグラフにまとめよう	社会	言葉のいずみ　2 ・ことわざ・故事成語・慣用句についての知識をもち、言葉の由来や語感に対するとらえかたを豊かにしよう②	国語	
3月	伝統工芸 ・年鑑や百科事典で伝統工芸について調べよう	社会	1年間の読書をふり返ろう ・いろいろなジャンルの本を読もう②	国語	

品川区立G小学校　学校図書館学習計画　　6年

月	利用指導・情報活用	教科	読書活動　　○は指導時数	教科	備考
4月	**図書館の達人になろう** ・図書館のきまり、本の貸し出し・返却、NDC分類を確認しよう	国語	**みちくさ** ・友だちをテーマにした本を読もう①	国語	
	卒業レポートを書こう ・卒業レポートを書くためのテーマの決め、計画を立てよう	国語			
5月	**世界の中で日本はどのような国なのだろうか** ・資料を利用して日本とつながりの深い国に付いて調べよう	社会			
	推薦スピーチを書こう ・推薦したい人の生き方に付いて資料やインタビューなどから調べよう	国語			
6月	**紹介文を書こう** ・日光についていろいろな資料(図書、ガイドブック、パンフレットなど)を活用して調べよう ・記録カードの使い方を知ろう	国語	**伝記を読もう** ・様々な伝記を選んで読んで、まとめよう①	国語	
7月	**武士が活躍し始めた時代を考えてみよう** ・自分の課題を解決するための資料を選ぼう	社会	**読書案内** ・テーマを決めて、いろいろな本を読み、推薦文にまとめよう①	国語	
	発表会をしよう1(卒業レポート作成に向けて) ・資料の集め方を知り、目的に応じた調べ方を工夫しよう (国語の教科書を参考に)	市民科・国語			
9月	**発表会をしよう2** ・卒業レポートの中間発表会をしよう	市民科	**言葉のリズムや響きを楽しもう** ・文語詩や漢詩に親しもう①	国語	
	タイムマシンに乗って目ざす時代に行ってみよう ・各時代に付いて調べよう ・調べたいことを新聞に効果的にまとめよう ・出典を明らかにしよう (7月から12月まで随時重点化する)	社会			
10月	**メディア・リテラシー入門** ・情報の比較をし、正しい情報に付いて考えよう	国語			
11月	**パネルディスカッションをしよう** ・調べたいテーマに付いて資料を比較しながら調べよう	国語	**きつねの窓** ・安房直子の本を読んで、読書会をしよう②	国語	
12月			**読書案内** ・テーマに即して本を読み、考えをまとめよう①	国語	
1月			**自分の考えをまとめよう** ・ノンフィクションに親しもう①	国語	
2月	**卒業レポートを書こう** ・調べたいテーマに合った資料(本やパンフレット、新聞など)を見つけよう ・調べたことをレポートに仕上げよう	国語			
3月	**自然とともに生きる** ・環境とのかかわりに付いて調べてまとめよう。	理科	**六年生をふり返って** ・読書記録をまとめて読書生活を振り返ろう①	国語	

全校の子どもが本を好きになり、多くの本を読む習慣がつくように、教職員が共通理解をして学校全体で取り組んでいきたいものである。そのためには、読書や読み聞かせが好きな担任だけが読書指導をするのではなく、学校全体で取り組んでいく仕組みづくりが大切になってくる。次年度の教育課程を組む際には、図書担当教諭や教務主任を中心に次年度の年間指導計画を各学年で作成したたものをまとめ、どんな活動をしていくか全教員に提案して共通理解を図っていく必要があると考えている。

第12章 教師によるブックトーク

絵本や本を紹介する方法としてブックトークがある。ブックトークとは、他者に対し本に興味や関心をもたせることをねらいとして、紹介を行うものである。保育者・教師がそれを行うとどういうものになるのか、そのシナリオを具体的に紹介してみたい。

1 ブックトークとは

子どもたちに絵本や本への興味や関心をもたせるためには、どのような方法があるだろうか。ブックトークはそのようなねらいをもつ指導方法のひとつである。具体的には、ひとつのテーマにしたがって数冊の本をつなぎ、紹介していく手法である。ブックトークを聞いた後に、それを参考にしながら本を読めば、1冊1冊につながりが生まれ、複合的な深い読書となる。「子どもの本の学校」を主宰している笹倉剛は、著書『学校 de ブックトーク』(北大路書房、2007) の中でブックトークについて次のように述べている。

この言葉のルーツを探ると1930年、アメリカの『児童に対する図書館奉仕』という本の中に「talk about books」という用語があり、その20ページ後で Books talk という表現が初めて用いられました。さらに、1943年『公共図書館における児童奉仕』(アメリカ図書館協議会) という本にブックトークという項が設けられています…(中略)…日本の図書館では、ストーリーテリングが児童室のお話の部屋などで継続的に実施されてきたのに対して、ブックトークはそれほど普及しなかったのが実態です。

また笹倉は、同書の中で「本の紹介には、口頭によるもの、展示によるものなどいろいろな形式がありますが、中でも口頭で本を紹介することをブックトークといいます」と説明をしている。

ここで重要なのは、紹介者が「口頭」で実演するということである。一方、国語科の領域としては、小学校学

習指導要領の内容「A 話すこと、聞くこと」に関連する活動であること。さらに、そのときに「本」を用いていることから「C 読むこと」にも結びつく魅力的な言語活動となる。ブックトークは、絵本や本を提示しながら「話したり、聞いたり」する活動が、同時に行われる学習となる。

つまり、聞き手に対して話し手がどのようにいきいきとした興味をするのか、その紹介者の本に対するいきいきとした興味を基礎として、聞き手にも読書の楽しさを知らせて、両者に本の魅力を共有させることを目的としているのである。

さらに、短い時間で一つのテーマを紹介したいとき、また逆に多くの情報を教室にもち込みたいとき、この読書の技法は、魅力的な指導手法となる。絵本や本を媒体にしながら、それぞれの本の魅力を知ることができるのである。また、自らブックトークを考える学習も興味深い。次に何を読んだらよいのかのヒントを得ることになるからである。

このようにブックトークには学習者が次に何を読むべきかがわかり、自己学習の力と結びつく学習になっている。そこでここでは、保育者・教師の行った個性的な事例・実践

第12章 教師によるブックトーク

をあげ、その後にブックトークの留意点をまとめてみる。

2 ブックトークの実例

① 幼稚園・保育所年長・小学校低学年の子ども対象 テーマ「心の声」(M・M作)

〈要約〉

『いつも いっしょに』こんのひとみ作、いもとようこ絵、金の星社、2008

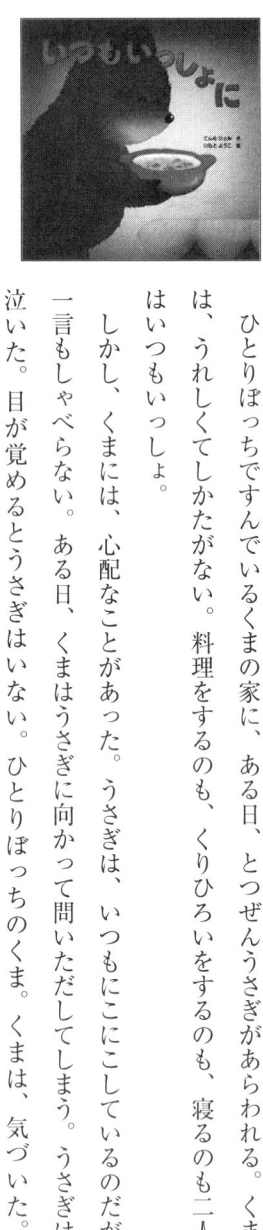

ひとりぼっちですんでいるくまの家に、ある日、とつぜんうさぎがあらわれる。くまは、うれしくてしかたがない。料理をするのも、くりひろいをするのも、寝るのも二人はいつもいっしょ。

しかし、くまには、心配なことがあった。うさぎは、いつもにこにこしているのだが、一言もしゃべらない。ある日、くまはうさぎに向かって問いただしてしまう。うさぎは泣いた。目が覚めるとうさぎはいない。ひとりぼっちのくま。くまは、気づいた。

「いっしょにいるだけで、幸せだったのに……。」

それは夢だった。うさぎはとなりにいた。くまはうさぎを抱きしめた。二人はいつまでも、いっしょに幸せにくらした。

『花のかみかざり』いもとようこ作/絵、岩崎書店、2008

うさぎの看護師がいた。そのうさぎには、だれにも言えない、忘れられない出来事があった。

ある日、たぬきのおばあさんの車イスを押して散歩に出かけた。花をつみ、かみ飾りにしてたぬきのおばあさんにつけてあげた。たぬきのおばあさんは、とても喜び、うさぎに「あなたはとてもやさしい人。あなたのまわりの人はみんなしあわせね」と言う。

すると、だまり込み、泣き出してしまったうさぎ。どうしたのかとやさしく聞くたぬきのおばあさんに、抱きしめてもらいながら、ゆっくりと話し出した。

昔、小児病棟にいたころ、いつも泣く赤ちゃんを抱っこしていた。それをにらんでいるオオカミがいた。ある日、そのオオカミが「抱いてほしい」と頼むが、うさぎは、断ってしまった。その次の日、オオカミのおばあさんは亡くなった。うさぎは、泣きながら、たぬきのおばあちゃんに抱かれ、オオカミに謝る。すると、たぬきのおばあちゃんが、花のかみ飾りをそっと、うさぎにつけてくれた。

「あなたは、やさしい人。その分、だいてちょうだい。」と言いながら。

抱きしめるのは……。愛しているしるし。抱きしめられるのは……。愛されているしるし。

「おおきな　おおきな　木」よこたきよし作、いもとようこ絵、金の星社、2005

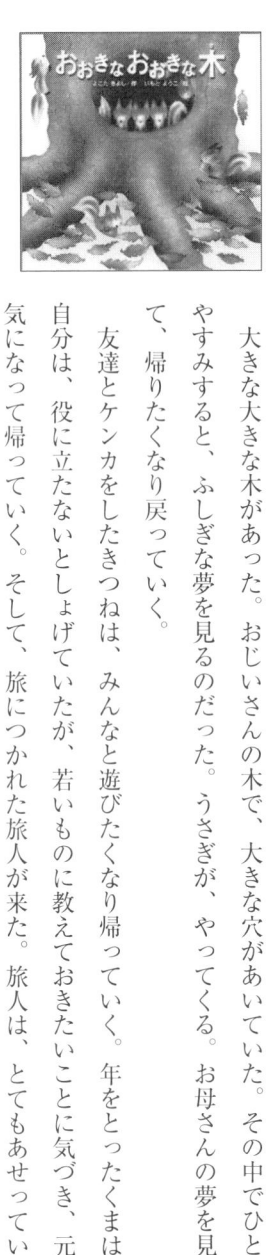

大きな大きな木があった。おじいさんの木で、大きな穴があいていた。その中でひとやすみすると、ふしぎな夢を見るのだった。うさぎが、やってくる。お母さんの夢を見て、帰りたくなり戻っていく。

友達とケンカをしたきつねは、みんなと遊びたくなり帰っていく。年をとったくまは、自分は、役に立たないとしょげていたが、若いものに教えておきたいことに気づき、元気になって帰っていく。そして、旅につかれた旅人が来た。旅人は、とてもあせっていた。ひとやすみすると、木の声が聞こえてきた。気持ちさえあれば、何でもできること。まわりの人（もの）が、いろいろなことを教えてくれることなどである。さらに、この大きな木に、この秋が実をつける最後の年になること。ねっこをしっかりと張らなければならないこと。少しずつ、ゆっくり、大きくなったこと。旅人は、次の朝、大きな木に頭を下げ帰って行った。帰り道に大きな木が落とした実を、ひとつずつうめながら。最後の実は、旅人の家の庭で芽を出した。

〈オープニング〉

絵本が見えるように、できるだけ近くに子どもを集めてから始める。子どもたちへの呼びかけから、ブックトークをスタートする。

① お隣さんの目をよく見てごらん、何が見えるかな？ 自分が写っているでしょう。その奥には、何が見えるかな？

② 自分の手を合わせて組んでごらん。どう？ 子どもの反応…「あったかい」「安心する」

③ こんどは、隣の人と手をつないでごらん。どう？ 子どもの反応：「はずかしい」「ドキドキする」

④ ドキドキしたね。でもそれだけ？ あたたかいよね。となりの人の心は、どんな気持ちなんだろうね。

⑤ 今日のブックトークのテーマは心の声です。あなたは、本当の自分の声が聞こえていますか？ つい、してしまったことが、思いがけないことになったり、本当は、どう思っているのか、わからなくなってしまったりしたことってありませんか一人ひとりの心の中の奥の方にある本当の声に耳を傾けてほしいと思います。これから3冊の本を紹介します。心の奥の声が聞こえてくるでしょうか。

1冊目は『いつもいっしょに』こんのひとみ作、いもとようこ絵です（題名・作者・作画者を紹介する。以下は略すが、3冊とも同じように紹介する）。

本の場面・紹介者の動き	紹介者の言動
① （くまが1人でいる絵を見せる） ② （うさぎが来たところの絵） ③ （うさぎを指差す） ④ （くまとうさぎが一緒にさまざまなことをしている絵を3つ見せる） ⑤ （くまが 大きな声で詰め寄る場面を見せて） ⑥ （うさぎが 涙ぐんでいる 場面を見せる） ⑦ ⑧ （裏表紙の2人が仲よくしている絵を見せて終わる → ハッピーエンドの安心感へとつなげておく）	① 森の中に くまが住んでいました。くまは ひとりぼっちでした。 ② ある日 トン!・トン!・トン!・トン!・トン! だれかが とびらをたたきます。くまが とびらを 開けると、うさぎが立っていました。 ④ 2人は どこへ 行くのも いっしょです。 ⑤ 「どうして だまっているの？」 「ぼくのこと すき？きらい？」 「（大きな声で）なんとか いってよー！」 ⑦ くまさん どうしてしまったのでしょう。心から声があふれ出してしまうことってありますよね。不安なとき 幸せなとき さあ 心の声 届くのでしょうか？

2冊目は『花のかみかざり』です。

本の場面・紹介者の動き	紹介者の言動
①（挙手をうながす）	①さあ、次のお話です。みなさんは、「抱きしめられること」好きですか？　好きな人？
②（意見を聞いてみる）	②「抱きしめること」好きですか？　好きな人？
③（挙手をうながす）	③わたしは、不安になったり　抱きしめたり　抱きしめられたり　安心したり　人恋しくなったりしたときです。
④	④どんなときに　抱きしめたり　抱きしめられたり　したいですか？
⑤表紙の絵を見せる	⑤このお話は、うさぎの看護師さんの　お話です。
⑥（ページをめくっていく）	⑥うさぎには　誰にも言えない、忘れられない　出来事がありました。それは——。
⑦（たぬきのおばあさんと　散歩をしているシーンを見せる）	⑦さあ、散歩に　出かけたようですよ。
⑧（花のかみかざりをつけてあげる場面の絵だけ3つ見せる）	⑧「あなたって　本当に　やさしいのね」
⑨（抱きしめられているシーンを見せる）	⑨うずくまって泣き出しました。「どうしたの？　どうしたの？」「やさしい人なんて　言わないでください。わたしは　やさしい人なんかじゃ　ないんです。ひどい人なんです。」
⑩（オオカミの　おばあちゃんの　絵を見せる）	⑩忘れられない　出来事って　何だったのでしょうか
⑪（本をとじて　表紙を見せる）（クローバーの絵を見せる）	⑪抱きしめるのは……。愛しているしるし。抱きしめられるのは……。愛されているしるし。

⑫ あなたは どんなときに 抱きしめられたいですか。あなたは どんなときに 抱きしめてあげたいですか。誰にでも いろいろな思いがあります。自分でも 気づかない思い。でも、本当の 自分は ちゃんと 分かっているのです。向き合ってみませんか。

3冊目は『大きな大きな木』です。

本の場面・紹介者の動き	紹介者の言動
① (表紙を見せながら)	① 大きな 大きな木が ありました。おじいさんの木です。木には 大きな 穴があいていました。その中で ひと休みすると ふしぎな夢を見るのです。
② (うさぎを見せて)	② うさぎは お母さんのもとへ
③ (きつねを見せて)	③ ケンカをしたきつねは 友だちのところへ
④ (くまを見せて)	④ 自信をなくした年老いたくまは、物事を教えに若いくまのところへ それぞれが帰って行ったのです。
④ (旅人を見せて)	④ 最後の秋に旅人が来たようです。
⑤ (大きな木のセリフを読む)	⑤ つかれきっています。大きな木の声が 聞こえてきます。「わたしが まだ 小さな木だったころ…(中略)…しっかりと ねっこを はらなければならない」
⑥ (若いころの木の絵を見せながら 子どもに問いかけるように)	⑥ 少しずつ 大きくなった。何が たくさん あった？ にぎやかだったね。

212

⑦	子どもの反応‥とり、花、はっぱ‥‥。
⑧ (旅人が頭を下げる場面)	⑦ 少しずつ　大きくなって、とりたちがたくさん話をきかせてくれて、幸せだったんだって。
⑨ (旅人が帰っていく場面)	⑧ 旅人が頭を下げています。どんな　夢を見たのでしょう。
⑩ (小さな木の場面)	⑨ おや、帰っていくようです。ポケットの入れた大きな木が落とした実をひとつずつうめながら。最後のひとつは、自分の家の庭にうめました。
	⑩「大きな木になるためには　しっかり　根っこを　はらなければならない」

〈まとめ〉

本を1冊ずつ出しゆっくりと子どもたちの目を見ながらまとめる。次のように語りたい。

「いつもいっしょ」は不安な心・幸せな心の声・本当の声。「花のかみかざり」はだきしめること、愛しているしるし。「大きな大きな木」はしっかり根っこをはること。自分の心と本当の思いに相談しながら、向き合いながらゆっくりゆっくり大きくなろうね。

手をつないでごらん。目をのぞいてごらん。心の奥の声が聞こえてきますよ。ぜひ、読んでください。

② 小学校低学年の子ども対象　テーマ「役割（やくわり）ってなんだろう」（K・K作）

〈要約〉

『スイミー』レオ・レオニ作、谷川俊太郎訳、好学社、1969

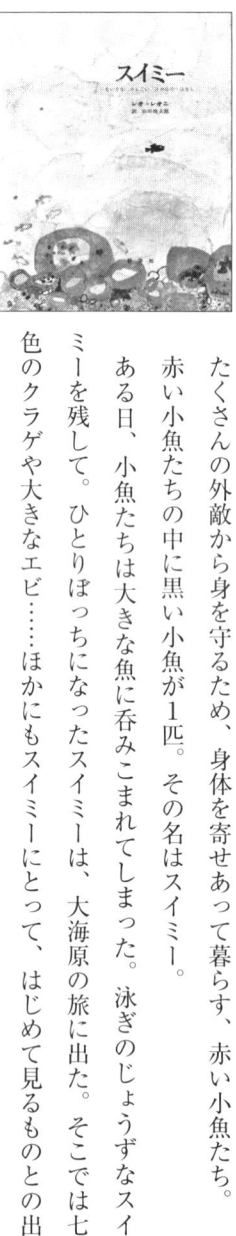

たくさんの外敵から身を守るため、身体を寄せあって暮らす、赤い小魚たち。赤い小魚たちの中に黒い小魚が1匹。その名はスイミー。ある日、小魚たちは大きな魚に呑みこまれてしまった。ひとりぼっちになったスイミーは、大海原の旅に出た。泳ぎのじょうずなスイミーを残して。ほかにもスイミーにとって、はじめて見るものとの出会い。旅はスイミーの仲間を失った悲しみをいやし、生きていく勇気を与えた。やがてスイミーは新たな仲間と出会う。仲間と生きてゆくためスイミーは仲間をまとめ、大きな魚をつくらせた。そして自らは魚の目となり、仲間とともに強く生きていった。

『かっくん どうしてぼくだけしかくいの?』クリスチャン・メルベイユ作、ジョス・ゴフィン絵、乙武洋匡訳、講談社、2001

「ボク……どうしてしかくいんだろう」、主人公かっくんの言葉です。かっくんはまんまるの両親の子ども。ここでは誰もがまんまる。しかし、ひとりだけしかくいかっくんを両親は愛情をもって育てた。だんだんと成長し、なぜ自分だけがしかくいのか、悩むかっくん。友達からもいじめられ、希望を失っていたとき、ある出来事が起こった。

暗闇に迷い込み、帰れなくなった友達たち、皆が不安を募らせる中、暗闇を照らす光が。かっくんは何と光ることができたのである。輝くかっくんによって皆は無事帰ることができた。このとき以来、かっくんは皆とともに一緒、友達となった。しかし、かっくんはかっくんのまま、まんまるの友達たちはまんまるのまま、何も変わったことはない。ただひとつのことのほかは、何も変わっていなかった。

『くろくんとふしぎなともだち』なかやみわ作/絵、童心社、2004

くれよんのくろくんは元気いっぱい。机の上はくれよんの箱。その箱から今日もくろくんは1番に飛び出した。すると、目の前にはかっこいいバスさんが。バスさんと一緒に遊びたいくろくんは、画用紙に頭をこすりつけ、道路を描いた。バスさんは大はしゃぎで、くろくんとバスさんは楽しく遊んだ。

次の日、ふねさんを見つけたくろくんが波を描くと2人は波乗りをして楽しく遊んだ。

3日目、目の前には何としんかんせんくんが。しんかんせんくんは、とってもはやい。くろくんがちょっと線路を描いたくらいでは、事故が起きてしまう。

そこへくろくんの仲間達もしんかんせんくんを見てびっくり。くれよんたちは画用紙をつなぎあわせ、しんかんせんくんが思わず走りたくなるような景色を描いた。そして最後はくろくんが線路を描いて「ふぁーん」出発！ところがしんかんせんくんは速くて、くろくんにすぐ追いついてしまいそうに。かっらをくねらせ止まったしんかんせんくんは、何とねんどくんだった。けんかになったくれよんたちを、ねんどくんは叱り、仲直りをしたくれよんたちをねんどくんは、トロッコ列車になって乗せた。みんなにこにこ。なか

よく遊ぶ声が響いていた。

〈オープニング〉
絵本が見えるように、近くに子どもを集めてから始める。子どもたちへの呼びかけから、ブックトークをスタートする。

① 皆はお家でどんな役割がありますか？
子どもの反応‥‥玄関そうじ、お風呂そうじ‥‥など。
② なるほど、これらの役割はなぜ必要なのだろう？
子どもの反応‥‥お母さんだけでは大変だから。家族だから‥‥など（助け合うなどが出るとよい）。
③ そうだね。みんな役割を果たして助け合うことが大切だね。
④ では、助け合うとどうなる‥‥？　気持ちは強くなれる？　うんうん。表情は、穏やかになれる？　元気に楽しくなれる？
⑤ では、これから３冊の絵本を紹介します。３冊の絵本と

も、今、お話した「役割」ということ以外にもすばらしい内容のある絵本です。だから、もしみんながこれらの本を読んだら「役割」という事以外に「こんな○○はすごいなあ」とか、いろいろな感想をもつかもしれません。しかし、今日のブックトークでは、これからクラスでいろいろな役割について考え、助け合っていく皆さんに、「役割って大切なんだなあ、私もがんばろう」と思ってもらいたいので、先生は3冊とも同じように「役割」という点から紹介したいと思います。

1冊目は『スイミー』レオ・レオニ作です（題名・作者・作画者を紹介する。以下は略すが、3冊とも同じように紹介する。まず、表紙を見せるが、主人公スイミーの姿は付箋紙で隠しておく）。

本の場面・紹介者の動き	紹介者・子どもの言動
①（表紙を見せる）	① 赤い小さな魚がたくさんいるね。ところで、主人公のスイミーってどこにいるかなぁ？
②	② 子どもの反応：先生、ペタって貼ってあるじゃん。
③（付箋をめくる）	③ はい、その通り。これがスイミー。真っ黒だね 1匹だけ。
④	④ では、この絵本で紹介したいこと…（以下略、要約参照）。 ただしスイミーが目になって、最後にどうなったかは伝えない。要点……スイミーはおしえた。けっして はなればなれに ならない こと。 みんな、もちばを まもること ぼくが めになろう

⑤この本を読むと　リーダーになるとかならないとかではなく、みんなの力を合わせることの大切さを感じます。どこに向かっていけばよいのか、皆を引っ張るリーダーを信頼し、リーダーは皆を信頼し、それぞれが役割を果たす大切さを感じると思います。

2冊目は『かっくん』です（まず、表紙を見せるが、題名は付箋紙で隠しておく）。

本の場面・紹介者の動き	紹介者・子どもの言動
①（表紙を見せる）	①さて、この本のタイトルを当ててみよう。主人公はどれ？　そう。このしかくいのが主人公。この主人公の名前が本のタイトルです。しかくいから「かっくん」。
②（付箋紙をめくる）	②では、この絵本で紹介したいこと……（以下略、要約参照）。ただし、何がどう変わったのかは読まない 要点：ボク……どうして　しかくいんだろう。ほかのみんなは　まんまるなのに。その日から　みんなの　かっくんを見る目が　かわりました。
③	③みんな、小さいことだとしても、何で僕だけが○○なんだよ、何で私だけが○○なの？　なんて、思うこと……あるよね。でもこのお話を読むとみんなと同じでなくていい。逆に同じでない人同士がいるから助け合え、それぞれができることがある。だからそれぞれに役割がある、そんなことを考えさせてくれる絵本だと思います。

3冊目は『くろくんとふしぎなともだち』です（まず、表紙を見せるが、題名のくろの部分は付箋紙で隠してお

218

3 小学校低学年・中学年の子ども対象　テーマ「ことばあそび」(S・Y作)

本の場面・紹介者の動き	紹介者・子どもの言動
① (表紙を見せる)	① さて、おっと、またタイトルを当ててみよう。主人公はどれ……? そう。この黒いくれよんが主人公「くろくん」
② (付箋紙をめくる)	② では、この絵本で紹介したいこと……(以下略、要約参照)。要点‥いろとりどりのまちをつくりました。くろくんは道路や波や線路を描くことができた。けれど、あおくんの描いた海をくろくんは描けない。くれよんたちは絵を描きたいこともできなかったし、ねんどくんがいなかったら、こんな素敵な絵は描けなかったし、トロッコに乗って遊ぶこともできなかった。だから、みな1人ひとりに色があって、役割があると思うのです。
③	③ いかがでした? 3冊の絵本、興味をもってくれましたか。では、先生のブックトーク「やくわり(役割)ってなんだろう」を終了します。皆さんぜひ、手にとって 読んでみてくださいね。

〈要約〉

『あいうえおうさま』寺村輝夫作、和歌山静子/杉浦範茂絵、理論社、1970

遊ぶの大好き、いたずらも大好き、好奇心旺盛、くいしんぼうで、家来も手を焼く。そんな王様の生活が、50

音順に描かれます。「あ」「い」「う」から「わ」「を」「ん」まで、テーマとなる文字が各ページに1つずつあります。それぞれの文字をふんだんに盛り込みつつ、王様の生活の1コマを描いた文章が記されているのです。たとえば、「あ」のページならば、

　あいうえおうさま
　あさの　あいさつ
　あくびを　あんぐり
　ああ　おはよう

という具合。

各ページには王様の様子はもちろん、テーマの文字を使ってあらわさせる絵も描かれています。たとえば「あ」のページには、あくびをしながら起き出した王様の絵とともに、「アザラシ」「雨」「あさがお」『アメ』をもった『アリ』「穴」の絵も隠れているのです。それらを見つけたり、その意味や名前を考えたりするのも、楽しみのひとつとなるでしょう。オムレツを食べたり、かくれんぼしたり、にわとりににおいかけられたり。王様と一緒に遊びながら、言葉のおもしろさを感じることのできる内容です。

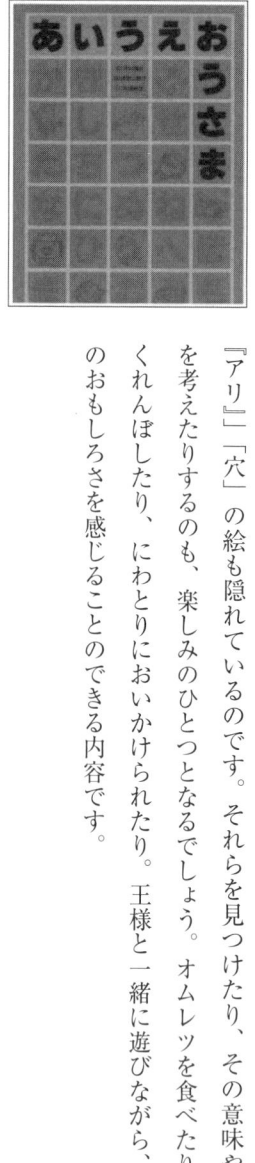

『かっぱくんのしりとりどうぶつずかん』あきやまただし作／絵、ポプラ社、1996

「どうぶつずかん」をもったかっぱくん。動物でしりとりをしようと思いつきます。かっぱの「ぱ」から、「ぱんだ」→「だっくすふんと」→「とら」……「ぱーくしゃー」や「またまた」なんてめずらしい名前の動物も出てきました。最後は、「らくだ」→「だまじか」→かっかっか……「かっぱ」！しりとりに出てきた動物たちがたずねます。「ねえ……。かっぱくんは どうぶつなの？」かっぱくんが答えます。「うーん、それがね……ぼくにもよくわからないの。」

皆、笑ってしまいました。かっぱくんは「どうぶつずかん」に「かっぱ」が載っているか調べますが、載っていないようです。そこへ、からかさおばけが「こっちじゃないの？」と、「ようかいずかん」をもってきてくれました。「かっぱ」は動物ではなかったようですね。

以上の本筋の後に、「おまけのおべんきょう」として、登場した動物の名前、それらが住んでいる国や地域の名前、そしてその動物に関して何かひとこと添えてあります。たとえば、

ぱんだ ちゅうごく。うんちは みどりいろで、ぜんぜん くさくない。

とら アジア。どうして しましまなのか おしえてほしい。

という具合です。ほとんど説明にはなっていないので、かっぱくんのように「動物図鑑」を使って調べたくなる子もいるかもしれません。最後のページには、「わけが あって、えほんに でられなかった どうぶつたち」が載っています。その「わけ」とはなんでしょう。答えは書いてありませんが、ヒントは「しりとり」です。

しりとりを通して、言葉にも動物にも興味がもてる本です。

『ことばあそびのえほん』福川祐司文、長島克夫絵、講談社、1971

この絵本には、1ページに1匹の動物が描かれています。ただし、1匹の動物は「顔」「上半身の服装や動作」「乗り物や下半身の動作」「足元の様子」の4つに分けて描かれ、それぞれを独立してめくることができるようになっているのです。また、それぞれの様子をあらわす文も、絵と対応して4つに分かれ、同様に独立してめくることができます。つまり、1つのページをめくると、頭の部分だけがほかの動物と変わったり、胴体の部分の服装や動作だけが変わったりするわけです。たとえば、元のお話の部分をだけを変えて、おかしなお話にすることができてしまいます。

この絵本は、始めのページに「どこから よんでも いいのです。」とあるように、どのページとも組み合わせられるよう、同じ構成のお話だけでできています。いろいろな絵やお話の組み合わせを展開し、楽しむことができるでしょう。「さいのおとうさん」や「くいしんぼうのわにくん」ら、11匹の動物がどんなことになるかは読者次第なのです。お話を見つける楽しみを感じられる作品です。

〈オープニング〉

絵本が見えるように、近くに子どもを集めてから始める。子どもたちへの呼びかけから、ブックトークをスタートする。

① 今日のブックトークのテーマは「ことばあそび」です。皆さん、「ことばあそび」ってしたことはありますか? ある人?（挙手をうながす）ない人?（挙手をうながす）

②「ことばあそび」が何なのか、わからない人?（挙手をうながす）「ことばあそび」とは、そのまま、「ことば」で「あそぶ」ことです。とはいえ、いろんな遊び方があります。おもしろいんですよ。これからそのうちの3つを、3冊の本から紹介します。

1冊目は『あいうえおうさま』寺村輝夫作、和歌山静子／杉浦範茂絵です（題名・作者・作画者を紹介する。以下は略すが、3冊とも同じように紹介する）。

第12章　教師によるブックトーク

本の場面・紹介者の動き	紹介者・子どもの言動
①（表紙を見せながら）	① まずは、王様と一緒に、「あいうえお」で遊んでみましょう。この本に出てくる王様は、遊ぶのも、いたずらするのも、食べるのも、さぼるのも大好きな、ちょっと困った王様です。でも、とってもおもしろい王様でもあります。自分と似てるなあ、と思うところがある人も多いはず。この「あいうえおうさま」では、そんな王様の生活が、「あ」から「ん」までの50音（あいうえお～わをん）を使ってかかれています。②（㋑）のページを見せながら、ゆっくりと読む。この絵本には、ページ数はふられていない）
②	② 少し見てみましょう。
③	③ まずは「あ」のページは、あいうえおうさま あさの あいさつ あくびを あんぐり ああ おはよう「あ」のつく言葉がいっぱいでてきましたね。こんな風に、たとえば「あ」のつく言葉を使っていろんな言葉をつくる、とか、ちょっとしたルールを決めて言葉を楽しく使うことを、「ことばあそび」といいます。
④（㋑）のページを見せながら）	④ それから「に」のページは、にわに にがしたにわの にわとり にらまれ おわれて にげる おうさま あら、王様、にわとりに追いかけられちゃいましたね。
⑤（㋑）のページを、どの子もよく見えるように、子どもに近づけて見せながら）	⑤ ところで、このページをよく見てください。王様以外に、何か、かかれていませんか？ にんじん にわとり にじ にんじゃ そうです！ そして、それには同じ文字がついています。
⑥	⑥ 何の文字？ 子どもの反応：：「に」 正解です。「に」のページなので、「に」のつく言葉が、こんなところにもかくれているのですね。

224

2冊目は、「かっぱくんのしりとりどうぶつずかん」です。

本の場面・紹介者の動き	紹介者・子どもの言動
① （表紙を見せながら）	① 次に紹介するのは、皆のよく知っている「しりとり」です。「しりとり」もことばあそびなんですよ。「しりとり」をしたことがある人？（挙手をうながす）「しりとり」が得意な人？（挙手をうながす） ② 今、手をあげた人は、かっぱくんと同じぐらい、続けられるかもしれません。この本の中で、主人公のかっぱくんは、一人でしりとりをしているのですが、動物の名前だけで、しかも68個もつなげているのです。すごい！では、少し見てみましょう。あるところに　かっぱくんが　いました。
② （1〜5ページを読む。動物の名前は、絵を指差しながら、語尾と語頭をはっきりと読む）	

⑦ （もち時間に応じて、見るページは増減可能。ただし、飽きたりだらけたりする子が出ないように注意）

⑧ （子どもが見たいと言ったページを読み、絵を見ながらほかにどんな言葉が隠れているのかも一緒に考える）

⑨ （表紙が見えるよう、テーブルに本を立てて置く）

⑦ あと1ページだけ見てみましょう。

⑧ このページが見たい、という意見がある人？

⑨ 「あいうえお」も王様みたいにして遊ぶとおもしろいですね。この本に隠れている言葉を一人で探すのも、友達と探すのも、それから文字を決めて「〇のつく言葉」をみんなで言っていくゲームをするのも、楽しそうです。この本を読んで、ぜひ、試してみてください。

③（挙手をうながす） （いなければ、1ページ目をぐるっと見せる） ④ ⑤（33ページを開く） ⑥（5ページ目を開き、「らま」を指差す） ⑦（表紙が見えるよう、テーブルに本を立てて置く）	かっぱくんは、どうぶつで　しりとりを　しようと　おもいました。 かっぱ……ぱ、ぱ、ぱんだ　→　だっくすふんと　→　とら　→　らっこ　→　こあら　→　らま……。 ③この後もずっと続きますが、かっぱくんがあるものをもっていたのに、気がついた人はいますか？ そう。「どうぶつずかん」をもっていますね。かっぱくんが、動物しりとりをたくさん続けられた秘密がこんなところにありました。 ④かっぱくんは「どうぶつずかん」をもっているので、しりとりの中で、「うぉんばっと」や「またまた」というような、めずらしい動物の名前も使っています。たとえば、さっき出てきた「らま」。皆さん、知っていますか？ ⑤知らないときには、この「おまけのおべんきょう」のページ。あら、あんまりよくわからなかったですね。くわしく知りたい人は、かっぱくんみたいに「動物図鑑」をごらんください。このページでは、しりとりに出てきた動物の名前と、その住んでいる国や地域、そしてその動物についてのひとことが書いてあります。さっきの「らま」は、らま　みなみアメリカにすむ　だれかに　にているきがする。 ⑥ここでは、しりとりに出てきた動物についてのくわしくはわかりませんが、動物についてくわしく知りたいことが書いてあります。気になった人はどうぞ。 ⑦友達と「しりとり」をする前にこの本を読んで、たくさん動物の名前を覚えてみると、いつもより長く続けられるかもしれませんね。「しりとり」のレベルアップに、おすすめの1冊です。

3冊目は『ことばあそびのえほん』です。

本の場面・紹介者の動き	紹介者・子どもの言動
① （表紙を見せながら） ② （パラパラといろいろなページをめくりながら） （最初のページを見せながら。この絵本にはページ数はふられていない） （さいのおとうさんのページを見せながら。文を指でさしながら読み進め、絵と文の位置が対応していることがわかりやすいようにする）	① 3冊目のこの本は、題名にそのまま「ことばあそび」って入っていますね。どんな風にあそぶのでしょうね。ところで、この本は、ちょっと変わった絵本なのです。どこが普通の本と違うでしょう？ ② 子どもの反応：1つのページがバラバラになっているなど（ページが分かれていることに気づけるとよい）。 そうですね。実はこの本は、1つのページが4つに分かれています。 そして、 おかしな　どこから どうぶつの　よんでも いいのです。　せかいです。 と、書いてあるように、どのページを開いても、できるようになっています。 最初のページは、これです。 のんきな　さいの　おとうさん、 サイダー　ごくごく　のみながら、 スーパーカーで　びゅん　びゅびゅん。

③ (4つに分かれた絵の部分を指しながら) (上から順にめくり、めくったところを読んでから、次の段をめくる)	③「わっ、がけから おちる、どうしよう。」 さいのおとうさん、どうしよう！ おめかしを した かばの おかあさん、おめかしを した かばの おかあさん、ハンドバッグと おはなを もって、スカート、ひらひら ひら。ながい よそみを してたら、おいけに ぽちゃん。どうもここの動物さんたちは、少しうっかりしているようですね。こんな風に1つずつめくっていけるわけです。始めに言ったとおり、どこからよんでもいい本なので、今度は皆さんに、どのページを見たいか、言ってもらいましょう。この本に登場する動物さんは全部で11匹ですので、1ページから11ページまでの中で決めてください。
④ (挙手をうながす)	④ 上から順番に1つずつ、4人の人、どのページを見たいか言ってください。 ライオンの 海賊が いばって、「えへん。」 ハンドバッグと おはなを もって、スキップ、スキップ、らんらん らん。「ひゃぁ、たいへんだ、さかさまだ」
⑤ (文字が逆さの状態) (順に当て、上から子どもが指定したページを開いていく。4つすべて開き終えたら、できあがった文章を、指でたどりながら読む) (表情、読み方、工夫する)	⑤ この文と絵が出たら、本を逆さにして持ちながら読むとよいでしょう。

⑥（表紙が見えるよう、テーブルに本を立てて置く）

（時間に応じて、何通りかのお話を子どもと一緒につくってみる。）

⑥こんな風に、文をいろいろ組み合わせてお話をつくる、これも「ことばあそび」です。友達と一緒に読むと、盛り上がること、まちがいなし！ぜひ楽しんでみてください。

「ことばあそび」はおもしろかったでしょうか。今日、紹介した本はどれも、1人で読むのはもちろん、友達や家族と読んでも楽しめるものばかりです。いろいろと読んで、遊んでみてくださいね。

④ 小学校中学年・高学年の子ども対象　テーマ「友情」(Y・T作)

〈要約〉

『ごめんねともだち』内田麟太郎作、降矢なな絵、偕成社、2001

キツネとオオカミは仲よしのともだちです。キツネとオオカミは、オオカミの家でいろいろなゲームをしています。何のゲームをやってもオオカミはキツネに負けてしまいます。トランプをやって負けたオオカミは、キツネに「いんちきだ」と言い、キツネを家から追い出してしまいます。その後、オオカミは自分の言ってしまったことを反省し、今度キツネに会ったら謝ろうと思いました。しかし、いざ会うと「ごめんね」のひとことが出ません。キツネも少し腹を立てていたため自分から声をかけたり、謝ったりすることができません。二人は謝るタイミングを逃してしまったのです。

そんな日々が何日か続いたある日、オオカミとキツネは大きな木を背にしながら、木をはさむように立っていました。オオカミもキツネもお互い悲しい、さみしい気持ちでいっぱいです。そんな中、とうとうキツネは泣き出してしまいます。その涙がキツネの下にいたアリにこぼれ落ち、アリはずぶぬれになってしまいます。それを見たキツネはアリに向かって「ごめんなさい」。それを聞いたオオカミはキツネが自分に謝ったと勘違いをし、キツネに向かって走り寄り、キツネをだきしめながら、自分がやってしまったことをキツネに謝ります。こうして、2人はもとのなかよしの友達に戻ったのです。

『ありがとうともだち』内田麟太郎作、降矢なな絵、偕成社、2003

キツネとオオカミはなかよしの友達です。キツネは、オオカミの家に泊ってオオカミの話をベットの中で聞いています。オオカミとキツネは、キツネに海へ行き、カジキを釣った話をしました。その話の後、オオカミとキツネは海釣りに出かけます。海に着き、釣りを始めた二人でしたが、キツネはおもろいくらいさまざまな魚を釣りあげていきます。一方、オオカミはというと、場所やエサなどを変えても、1匹も魚が釣れません。

そうこうして時間だけが過ぎていったのですが、ようやくオオカミにもあたりがきます。キツネに手伝ってもらいながら、何とか引きあげましたが、カジキは釣れません。釣れたのは、たくさんのタコです。それを見てオオカミは、キツネのせいで釣れないと八つ当たりしてしまいます。そうしている中、ふとオオカミは我に返ります。そして、キツネに「カジキが釣れなくて、ごめん」と言いました。それに対し、キツネは思いもよらないこ

とを言いました。「オオカミさんは、海を丸ごと釣った。」

それを聞いたオオカミは驚きましたが、オオカミはキツネの気遣いや優しさに触れて、キツネに対して、「ありがとう」とつぶやき、また二人は、なかよく楽しい時間をすごしました。

『ともだちおまじない』内田麟太郎作、降矢なな絵、偕成社、2007

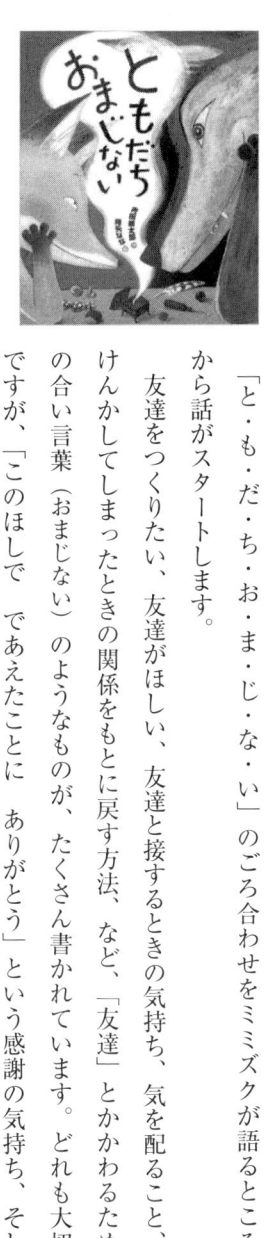

「と・も・だ・ち・お・ま・じ・な・い」のごろ合わせをミミズクが語るところから話がスタートします。

友達をつくりたい、友達がほしい、友達と接するときの気持ち、気を配ること、けんかしてしまったときの関係をもとに戻す方法、などの合い言葉(おまじない)のようなものが、たくさん書かれています。どれも大切ですが、「このほしで であえたことに ありがとう」という感謝の気持ち、そして「自分なりのおまじないを考えよう」という前向きなはげましは、とても大切だと私自身は感じました。

また四季の移り変わりや絵が表現している生き物たちの表情などにも注目してもらいたいと思います。

〈オープニング〉

絵本が見えるように、近くに子どもを集めてから始める。子どもたちへの呼びかけから、ブックトークをスタートする。ここでは、紹介する本の順番を①『ごめんねともだち』、②『ありがとうともだち』、③『ともだちおまじない』と出版された順に紹介しているが、ブックトークを行う紹介者の思いや、伝えたいことによって変

えてもかまわない。

① 3冊の絵本の表紙を見せ、キーワード（テーマ）をクイズする。
② キーワード（テーマ）は、「友達」であることをしっかりとつかませる。
③ この3冊を通じて、「友達」との付き合い方、気を配ること、日常生活の中でも起こりうるトラブルの解決策のヒントにしてもらったり、「友達」とどう向き合ったり、接したらいいのかを考えたり、「友達」を大切にしてほしいという願いを感じとったりしてほしいことを伝える。

1冊目は『ごめんね　ともだち』内田麟太郎作、降矢なな絵です（題名・作者・作画者を紹介する。以下は略すが、3冊とも同じように紹介する）。

本の場面・紹介者の動き	紹介者・子どもの言動
① (タイトルを見せる) (表紙の絵を指さしながら) (表紙の絵を指さしながら)	①「ごめんね」「謝る」をテーマにした体験談を話したり、子どもに聞いたりする。 本の紹介をします。 主な登場人物は、オオカミさんとキツネさんです。オオカミさんとキツネさんは大のなかよしです。オオカミさんとキツネさんは、ダーツ・けん玉・トランプなど、さまざまなゲームをしました。でも何をやってもオオカミさんはキツネさんに負けてしまいます。 何をやっても負けてしまうオオカミさんは、悔しくてキツネさんにひどいことを言ってしまいます。そしてけんか別れをしてしまいます。
② (2〜7ページを見せながら)	② こんなとき、みんなだったら、どうする？ 子どもの反応…しばらく時間をおく。謝る？など。 オオカミさんもみんなと同じように、キツネさんがいなくなってすぐ、自分のやってしまったことを反省し、「今度会ったら謝ろう。」と思いました。しかし、オオカミさんはいざ会うと「ごめん」のひとことが言えません。
③ (16〜19ページを見せながら)	③ こんな経験、みんなにはあるかな？　そのときの二人の気持ちはどうだったんだろう？　謝るのは難しいのかな？などの質問をし、反応を見ながら、話をする。

2冊目は『ありがとうともだち』です。

本の場面・紹介者の動き	紹介者・子どもの言動
① (表紙を見せながら)	① タイトルを見せた後、「ありがとう」をテーマにした体験談を話したり、「ありがとう」を言ったり、言われたりしたときの気持ちについて聞いたりする。
② (表紙の絵を指さしながら)	② では、本の中身を紹介します。主な登場人物は今回もオオカミさんとキツネさんです。オオカミは、キツネに海釣りに行ったとき、カジキを釣った話をします。
(4ページを見せながら)	オオカミは、大きなことを言ってしまいましたが、実は、カジキを釣ったことはありません。少し後悔しながらも後には引けません。そんな中、キツネとオオカミは海釣りに出かけていきます。
(10〜17ページを見せながら)	海へ行くと、キツネはおもしろいくらいさまざまな魚を釣りあげていきます。一方、オオカミは場所やエサなど、いろいろ変えてはみましたが、いっこうに釣れません。そうこうしてる間にもキツネは、たくさんの魚を釣りあげていきます。ようやく、オオカミのサオにもあたりがきました。かなり大物みたいですよ。キツネも一緒になってオオカミの手伝いをしました。やっとの思いで、何かを釣りあげたみたいです。

④ (30ページを見せながら)

④ オオカミさんとキツネさんは、なかなおりしたみたいですね。また、どうやって、キツネさんとオオカミさんがなかなおりしたのかについては、この本を読んでのお楽しみです。

けんかをしたり、自分が悪いことをしてしまったりしたとき、皆は謝れますか? なかなか謝れなかったとき、どうしたらいいと思いますか? そんなことを考えてほしいと思います。これで『ごめんねともだち』の紹介を終わります。

本の場面・紹介者の動き	紹介者・子どもの言動
3冊目は『ともだちおまじない』です。 ① （タイトルを見せた後）	① みんなは友達ほしいかな？ 　子どもの反応：「ほしい」「たくさんほしい」など。
③ ④ （19ページを見せながら） ⑤ （30ページを見せながら） ⑥ （表紙を見せながら）	③ さて、何がつれたでしょうか？ 　子どもの反応：「カジキ」「サメ」「クジラ」「ゴミ」など。 　何がつれたかは読んでのお楽しみです。でも、「カジキ」はつれなかったようです。それでオオカミは、キツネに対して八つ当たりしてしまいます。しかし、ふと我にかえったオオカミは、キツネに「カジキがつれなくて、ごめん」と謝りました。 ④ それに対して、キツネは、オオカミに優しい言葉をかけてあげたようです。 ⑤ それを聞いたオオカミは、「キツネ…ありがとう」と、つぶやいたそうです。そして二人は、なかよく楽しく歌ったり踊ったりして、より絆が深まっていったようです。 ⑥ みんなも、人から「ありがとう」と言ったり、人を気遣ったり、優しい声かけをしたり、できるといいですね。また何気ないことでも人に対して感謝の気持ちをもったり、それを伝えたりすることは大切です。友達に対して、もう少し、温かい気持ちで接したりふり返ったりできるヒントが書かれている本です。ぜひ、読んでみてください。これで2冊目の『ありがとうともだち』の紹介を終わります。

第12章　教師によるブックトーク

② (リズムよく読むよう心がけ、2ページ目を音読する)
③ (パラパラとページをめくっていく)
④ (4、47、48ページを見せながら音読する)
⑤ (裏表紙のところを見せながら、シリーズ本のタイトルを紹介する)

② そんな、みんなにとっておきのおまじないがあるよ。
③ 本の中身を紹介するけれど、絵本の季節の移り変わりにも注意しましょう。
ここには、一番最初に話をした、「友達」とのつき合い方、気を配ること、日常生活の中で起こるトラブルの解決策のヒントになるものや、「友達」とどう向き合ったり、接したらいいのか、「友達」って大切なんだなということを感じたりできるようなことがたくさん書いてあります。
④ 私が好きな場面を紹介します。
⑤ そして、最後に、みんなも自分の「ともだちおまじない」をつくって、たくさんのよい「友達」をつくり、関係を深めていってほしいと思います。これで『ともだちおまじない』の紹介を終わります。また、このほかにも「ともだちシリーズ」があるので紹介します。

〈まとめ〉

以上で「友達」にかかわる本の紹介を終わりにします。3冊とも、とてもすてきな本です。ぜひ読んでくださいね (『ともだちおまじない』は、4、47、48ページ以外を紹介してもよいし、教師が読み聞かせした後、子どもに読ませ、リズムを楽しむのもひとつの手である)。

3 魅力的なブックトークを行うために

今回は、それぞれの教師がブックトーカー（本の紹介者）になり、自分なりの話しぶりを記すことを行った。どの本のどのページをどう紹介するかについて、個性的なシナリオになっている。そこで次にブックトークを行うための手順をあげておきたい。

① テーマを決める‥季節の中から（紅葉、霜）、伝統的な行事から（正月、ひなまつり）、学習していることから（からだ、星）、思考の幅を広げるものから（ふしぎ、ことばあそび）、深く考えるものから（役割、喧嘩、平和、友達）、その他（冒険、妖怪、魔女）など。

↓

② 本を探す‥絵本や児童図書に詳しい方に聞く。公共図書館を利用する。市販のリストを利用する。

↓

③ 絵本や本を選択する‥ブックトークの展開を考えながら絵本や本を選択したら、中心に紹介したい本を選ぶ。本から本へ移るときのつなぐシナリオを考える。構成がダイナミックになるように考える。難易度を考えて入れる。多様なジャンルを入れる。対象となる子どもたちが飽きないように冊数を決める。

④ 導入とまとめの仕方を考える：本に集中させる導入を工夫する。テーマにあったまとめを考える。配布するブックリストを用意する。

↑

⑤ 細案をつくる：紹介する内容。紹介するページ。読み聞かせの箇所。時間の配分を検討する。

↑

⑥ 練習をする：紹介者が自分の話し言葉、語り、音声の表現だけで、子どもを引きつける必要がある。子どもの反応を見ながら余裕をもって進めるには、展開の順序と本の準備が必要である。

このような手順を経ることで、ブックトークが行えるようになるだろう。本番では、聞き手の反応を瞬時に読み取り修正していく力も重要となる。事前に計画したシナリオを、ただ読みあげていくのではなく、瞬間的に子どもたちの反応に対応し微調整しながら、その場にふさわしい話し言葉の表現をつくりたい。ときには臨機応変に対応して修正し、細かい表現をつくっていくことも問われる。

最後は、聞き手（子どもたち）がブックトークの体験を下敷きに、紹介した絵本や本を手に取るよう心を配るようにしたい。

次に、ブックトークの意義をまとめよう。

①子どもたちには個性があり、その個別性に対応していくために、多様な紹介の形式をとることで多数の子どもたちに読みたい本を見つけられるようにすることができる。

②子どもでは手に入れにくい本を取りあげ、関心をもたせることができる。ともすると子どもたちは、表紙やデザインに目を引かれてしまうことも多い。隠れた名作やヒット作品を取りあげ、紹介し、読みたいという気持ちにさせることができる。

③ブックトークを聞いたり、子どもたちがブックトークをすることにより、絵本や本に対する興味や関心をもち、自分に適した絵本や本を選ぶことができるようになる。紹介された本が少ない場合でも自分の読みたいものを選ぶようになることができる。

④テーマについての紹介をしてもらったり、したりする体験を経ることにより、テーマについて思考の広がりや深まりをもたらすことができる。

※なお、話し手である紹介者（ブックトーカー）は、数冊の絵本や本を聞き手に配慮した話し言葉を用いて表現することにより、聞き手との出会いの場、交流の場をつくることができる。

このように、聞き手にとってブックトークの体験を経ることにより、それを語ってくれた人の語りのおもしろさにも出会うのである。いわば、絵本や本の内容とそれを語ってくれている人の語りとの複合的な世界にふれているのである。それは、文体のおもしろさであり、ことばのリズムの楽しさであり、人物や情景の描写であり、作家による表現の妙味などを体験することである。

子どもたちの前に立ち、絵本や本を仲立ちにして、子どもたちと共有する世界をつくりあげてみよう。

第12章　教師によるブックトーク
239

コラム 「朝の読書」が教えてくれたこと

朝の読書とは、1988（昭和63）年の船橋学園女子高等学校（現、東葉高等学校）で林公・大塚笑子両教諭の提唱・活動をきっかけに全国に広まった読書活動である。「毎朝ホームルームや授業が始まる前の10分間、先生と生徒がそれぞれに自分の好きな本を黙って読む」という運動であり、朝の読書は次の4原則で行われている。「1　みんなでやる」「2　毎日やる」「3　好きな本でよい」「4　ただ読むだけ」である。

文部科学省が2001（平成12）年を「教育新生元年」と位置づけ、「21世紀教育新生プラン」と銘打って、あいさつのできる子、正しい姿勢と合わせて、朝の読書運動を3つの柱の1つとして取りあげてから、とくに盛んになった。平成26年8月現在、全国の小学校で1万7195校、中学校で8695校、高校で2232校、合計2万8102校で行われている。「朝の読書ホームページ」では、学校時代の朝の読書の思い出とともに、読書推進にとどまらず『いじめや争いが減った』『落ち着いて授業に入れる』など、さまざまな効果をもたらしています」とその効果が紹介されている。その中から、思い出をいくつか引用する。

・無理やりの読書でも、だんだんと本のおもしろさがわかり自分と合う本を知る喜びを知った。
・友達と読んだ本を交換したり、本の話題で盛りあがった。選んだ本でその人の人柄や思想が現れる気がした。
・自然と読書習慣が身につく、とてもすばらしい取組みだったと思う。

・20歳以前に読んだ本はストーリーは忘れても、非常に記憶に残っており、大人になってから愛読していた児童書を買い集めた。

このように、「朝の読書」を行なっていたときだけではなく、その後の人生においても読書の楽しさや喜びを味わう心が培われたことが読み取れる。読書経験を積んでいくと、本を読む、そのこと自体に喜びを見いだせるようになる。中央教育審議会答申「新しい時代を切り拓く生涯学習の振興方策について」（平成20年2月19日）にあるように、変化の激しい現代では、生涯を通して学び続ける必要がある。読書に親しむ生活態度の育成は、個人が心豊かに生きるためにも、社会の変化に対応していくためにも必要となってくる。この「朝の読書」の活動は、当初は落ち着いた学校生活を送るための一助としても実行された。しかし実際にこの活動に取り組んでみると、読書に親しむことは「心を耕す」力をもっていることが、日々の学校生活の中で実感されるようになっていく。心の変容を、目に見える形であらわすことは難しい。しかし、学校生活が落ち着き、生徒たちが日々穏やかな心持ちで過ごすことができるようになったと自覚できるようになった。それは、読書が「心を耕す」力をもっているからである。本に親しむ、心を耕す、その視点から考えれば、自分ではまだ本を読むことのできない園児たちにとっては、本の読み聞かせが大きな役割を果たすことは言うまでもないであろう。一生を通して本に親しみ、読書の楽しさを味わうこと、読書を通した成長の喜びを感じられること。生涯を通して大切なこれらの基礎が、幼少期の読み聞かせや読書体験によって築かれていくという自覚を、子どもたちのまわりの大人はしっかりともっておきたい。

＊1 「広げよう『朝の読書』」（「朝の読書推進協議会」ホームページ）http://www.mediapal.co.jp/asadoku/（2015年1月9日アクセス）
＊2 「朝の読書ホームページ」（e-hon 全国書店ネットワーク内）http://www1.e-hon.ne.jp/content/sp_0032.html（2015年1月9日アクセス）

241 コラム 「朝の読書」が教えてくれたこと

参考文献

● 第7章

・日本仏教保育協会『わかりやすい仏教保育総論』チャイルド本社、2004
・三森ゆりか『絵本で育てる情報分析力』一声社、2002
・日本仏教保育協会『ほとけの子』（10月号）宣協社、2013

● 第9章

・今森光彦文・写真『やぁ！出会えたね　カブトムシ』アリス館、2009
・栗林慧写真、日高俊隆監修『生き物発見シリーズ　アリ』リブリオ出版、2009
・中瀬潤写真、大木邦彦写真、岡島秀治監修『科学のアルバム・かがやくいのち　3トンボ』あかね書房、2010
・新開孝写真・文『ふしぎいっぱい写真絵本　8 どこにいるの？シャクトリムシ』ポプラ社、2013
・新開孝『虫たちのふしぎ』福音館書店、2005
・佐藤信治著『写真絵本　ぼくの庭にきた虫たち　①テントウムシ観察記』農文協、2009
・佐々木昆虫文・写真『新版かんさつシリーズ　6 カイコの一生』フレーベル館、1992
・中山れいこ著、矢後勝也監修『いのちのかんさつ　1 アゲハ』少年写真新聞社、2012
・栗林慧『栗林さんの虫めがね　1 発見』フレーベル館、2004

242

- 栗林慧写真、桑原隆一文『アリから みると（かがくのとも傑作集）』福音館書店、2004
- 新開孝写真、麻生かづこ文『ぼくたち親子だよ ダンゴムシの親子 まるちゃん、たびにでる』旺文社、2007
- 海野和男写真・文『ドキュメント 地球のなかまたち 葉っぱをまく虫 オトシブミの季節』新日本出版社、2005
- 筒井学文・写真『セミたちの夏（図鑑NEOの科学絵本）』小学館、2012
- 高田克明他写真、林長閑監修『ふしぎ発見シリーズ⑥いもむしのうんち』アリス館、1995
- 安田守写真、高岡昌江文『ずら〜りイモムシ ならべてみると…』アリス館、2012
- 岸一弘著、森上義孝・岩崎保宏絵『虫たちはどこへいくのか クロコノマチョウがおしえてくれたこと』ポプラ社、2003
- 原聖樹・青山潤三著『昆虫の研究 チョウが消えた？』あかね書房、1993
- 中川雄太著、巣瀬司解説『雄太昆虫記 ぼくのアシナガバチ研究所日記』くもん出版、2002
- 海野和男・鈴木格写真、奥本大三郎文・写真『ファーブルえほん昆虫記 2まほうのひとさし カリバチ』理論社、2010
- 藤丸篤夫・新開孝『虫の飼いかた さがしかた』福音館書店、2002
- 三枝博幸文、高橋清絵『かいかたそだてかたずかん 7カブトムシのかいかた そだてかた』岩崎書店、1998
- 三枝博幸文、松原巌樹絵『昆虫のかいかた そだてかた』岩崎書店、2006

- 本間正樹文、菊池東太写真『はじめての飼育と栽培 3 ダンゴムシ』小峰書店、1993
- 七尾純『校外学習に役立つ みぢかな飼育と栽培 ②アリ』国土社、1995
- 『小学館の図鑑・NEO 昆虫』小学館、2002
- 『学研の図鑑 昆虫』学習研究社、2007
- 『ポプラディア大図鑑 WONDA 昆虫』ポプラ社、2012
- 松本吏樹郎監修『見ながら学習 調べてなっとく ずかん ハチ』評論社、2014
- 栗林慧写真、桑原隆一文『アリから みると(かがくのとも傑作集)』福音館書店、2004
- 佐藤有恒写真『トノサマバッタ(科学のアルバム)』あかね書房、2005
- 岸田功『カイコ まゆからまゆまで(科学のアルバム)』あかね書房、2005

● 第10章

- 文部科学省ホームページ「学習指導要領ポイント・本文・解説(小学校・中学校・特別支援学校)」http://www.mext.go.jp/a_menu/shotou/new-cs/youryou/1356249.htm(2015年6月15日アクセス)
- 東京都訪問教育研究協議会編『東京都訪問教育研究協議会総会資料』
- 全国障害者問題研究会編『みんなのねがい』全国障害者問題研究会出版部
- 全国訪問教育研究会『せんせいが届ける学校』クリエイツかもがわ、2007

244

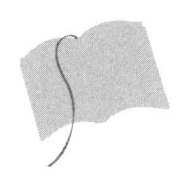

第4部

読書の指導を行う際に知っておきたいこと

第13章 読書の指導のはじめ ── 昭和20年代の読書指導から

わが国における読書の指導は、第二次世界大戦後、どのようにはじまったのだろうか。ここでは、その疑問を解くために、当時の学校図書館が設置される経緯を中心に明らかにする。また、当時どのような指導が行われたのかを示したい。

1 学校図書館を利用する読書の指導

現在、読書の指導を行うには、学級文庫や学校図書館を利用することが多いだろう。しかし、学級文庫や学校図書館を利用する指導や実践の手順は、昭和20年代の読書指導のひとつの成果であり、その必要性が広く認識されるようになったからである。まず、学校図書館の規定に関しては、次のようになっている。それは、1947年（昭和22年5月23日、文部省令第11号）制定の学校教育法施行規則が、最初にそのことを規定したのである。その規則第1条は、次のとおりである。

　第1条　学校には、その学校の目的を実現するために必要な校地、校舎、校具、運動場、図書館又は図書室、保健室その他の設備を設けなければならない。

ここには、学校教育の目的を実現するために必要な設備として図書館（図書室）が具体的に例示されている。この時期に文部省も熱意を示し、1948（昭和23）年には『学校図書館の手引』の編纂を行っている。ここでは、「新教育制度の確立と発展とをめざして意義深い歩みを進めつつある」という教育改革を促進するための「最も重要なものの一つ」として学校図書館の問題を位置づけ、新教育における学校図書館の意義と役割を説いている。一方、1950（昭和25）年に来日した第2次米国教育使節団は、その報告書の中で学校図書館に対して「教材センター」の名称を用いた。とくにその存在に対して「学校の心臓部となるべきである」と重視をして

いる。

〈教材センター〉

図書館用書籍ならびにその他の教材が各学校に適切に備えられるべきである。学校図書館は単に書籍ばかりでなく、日本人の、あのまれにみる芸術的才能をもって教師と生徒が製作した資料を備えるべきである…（中略）…教材センターとしての学校図書館は、生徒を援助し指導する司書を置いて、学校の心臓部となるべきである。

この第2次米国教育使節団を迎えるに際して文部省は、第1次米国教育使節団の報告を受け、教育改革がどのように進行しているかを報告するために『日本における教育改革の進展』を提出した。その第1章に「新教育の目的および方法」には「学校図書館の充実」が取りあげられている。

　（ア）学校図書館の充実　学校図書館のもつ新しい意義の徹底（手引書の刊行等）教科書中心の学校教育の中では、学校図書館は、単に課外読み物の提供場所にすぎなかったが、より広範な図書資料の活用を必要とする新しい教育にあっては、学校図書館こそは、カリキュラムを豊かにする中心機関である。学校図書館のもつこの新しい意義について、教育関係者の理解を深めるために、一九四八年一二月、文部省は「学校図書館の手引」を刊行し、全国の小・中・高等学校および教育行政官庁に配布した。また文部省主催の講習会や、文部省と府県との共同主催による教員のワークショップ等を通して、学校図書館のもつ新

248

しい意義の徹底が図られた。

ここに見るような学校図書館のより積極的な存在を認めている。

② 読書の指導の必要性

戦後の読書の指導は、ラジオやテレビの普及、行政的にはGHQの指導がある。さらに1953（昭和28）年8月には、学校図書館法が制定される。一方、一般的な読書そのものを基礎から支える出版業界が活性化し、多種多様な領域の本が出版される。同時に毎日新聞社の全国読書世論調査などが1947（昭和22）年以来、毎年実施された。こういった風潮の中で、国語教育、教育心理学など、多方面から関心が示され、読書の指導の必要を説くようになった。それは滑川道夫や坂本一郎の存在である。

① 滑川道夫と坂本一郎の見解

国語教育者でもあり、学習指導要領作成にかかわった滑川道夫は著書『言語教育と文学教育』の中で、次のように示している。

(1) 国語読本の教材として収録されて、国語学習として読む。
(2) 国語読本の教材を補充する意味で指導者が選んで与えることによって読む。
(3) 国語読本の教材に関連して、同じ作家の作品を図書室その他で読む。
(4) 学校図書館へ行って、じぶんで自由に選択して読む。
(5) 学校外で友だちから借りたり、家庭の蔵書の中から選んだりして読む。
(6) 子どもクラブ、家庭クラブ、公私立図書館、貸本屋などの校外の読書施設を利用して読む。

このように、学校図書館の利用が国語読本の指導には必要なことを主張している。他方、教育心理学、児童心理学の立場から読書指導に関する多くの見解が生まれ、なかでも阪本一郎は昭和31年に誕生した日本読書学会の中心的人物であり、読書力テストを作成し、読書療法を開発していく。阪本は昭和28年「読書指導の新航路」（雑誌『教育研究』）の中で、次のように述べている。

一 読書指導とは読書によるガイダンスである

今日でもまだ、読書指導というと、子どもたちが課外のよむ図書の指導だと考えている人たちがあるよう。それも読書指導には相違がないが、それでは大正時代から一歩も進んでいない。（以下略）

二 読書活動は各教科の中で指導される

読書の指導が、教科の中でおこなわれるべきだとなると、すぐ国語科に白羽の矢が立つ。だが、そ略）…国語科で教える読みの基礎技能が、他の教科を学習する基礎技能となることは事実だ。

3 読書の指導の事例

ではこういった指導は、どのような具体性をともなって展開されていったのであろうか。

① 東京第一師範男子部附属小学校の事例

1949（昭和24）年において、阪本の指導を受けた実践が行われ、同年2月の『教育技術』に単元名「読書及図書館指導の教育単元」(5)がある。

　1本の愛護　2本のこしらえと印刷の部分　3本の選択　4辞書　5百科辞典　6図書館　7図書の分類　8カード目録　9本の読み方…（中略）…

　9本の読み方

低学年では主として形式的なことに重点をおく、例えば姿勢を正して読むとか、彩光の点等こまかい注意が必要で、高学年に進むにつれて、本を読む技術を会得するようにしたい。低学年に多いのであるが、一冊の本をおしまいまで読むと要点を書きとり、又読後の感想を書くようにする。……（以下略）

このような視点は、今日の読書の指導に通じる項目であり、先見性が高い。

② 東京都大田区立田園調布小学校の事例

次に東京都の大田区立田園調布小学校の事例がある。(6)

昭和26年4月 〇図書館研究会が出来る。〇児童委員4年、5年は各学級2名6年は各学級3名

昭和26年5月 〇読書調査／昭和26年6月 〇東京都大田区図書研究授業 〇図書館利用の方法 〇図書館のきまり出来る。〇図書館使用時間割当表出来る。／昭和26年7月 〇阪本一郎先生の図書館利用に関する講演

昭和26年8月 〇夏休み読書会をひらく。…（中略）…昭和26年10月 〇読書週間の行事を行う。（読書会）〇読書指導のための目標の第一事案作成

（中略）…昭和26年11月 〇読書週間の行事を行う。…

ここに見るように計画的にしかも学校全体の指導を視野に入れて読書の指導を推進している。

④ 読書の指導を含んだ教科書教材

先の事例より読書の指導に対する萌芽がうかがえる。こういった指導は当時の教科書教材と呼応していよう。例えば読書の指導を含む教科書教材として小学校3年生の「3　学級文庫」がある。⑦

　ぼくらの　学級文庫が　できた。みんなで　一さつか　二さつずつ　持って　来た　ものが、七十五さつに　なった。

　きょうしつの　すみに　先生が　本だなを　作って　くださった。ひょうしの　とれた　本は、工作の時間に　みんなで　なおした。山田くんと大川さんと　ぼくの　三人が　いいんに　なって、全部の本に　ばんごうを　つけた。かし出しの　ちょうめんを　作って、うちでも　よめるようにした。

　ある　日　先生が

「みんなの　よろこぶ　ことが　あるよ。おとうさんや　先生たちで　作って　いる　ピーテーエーから　こんど　ひとつの　組に　五十さつずつ　本を　くださる　ことに　なったのだよ。」

と　おっしゃった。

　ぼくらは　わぁっと　よろこんだ。

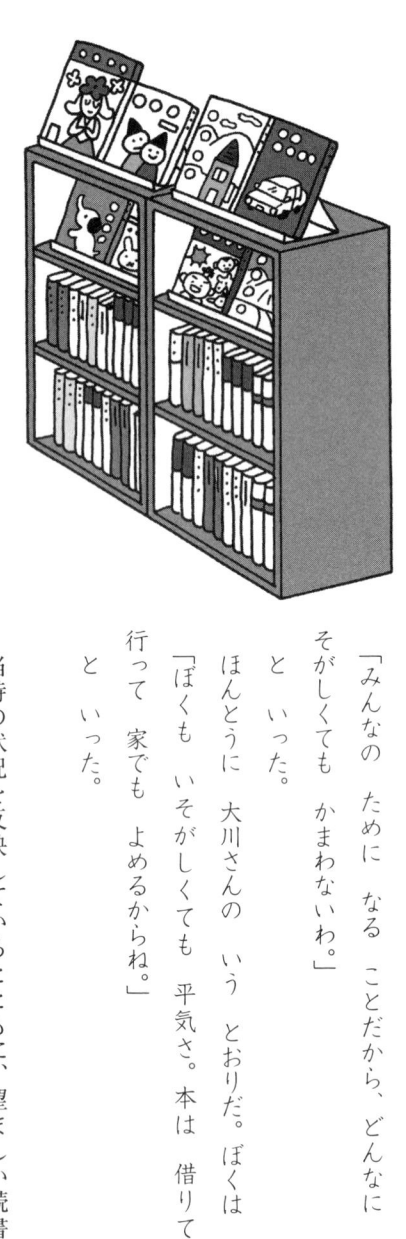

ぼくらの　学級文庫が　百二十五さつに　なる。本だなも　いっぱいに　なるだろう。かし出しも　いそがしくなるだろう。ぼくが「ぼくたち　学校で　よむ　ひまが　なくなるね。」
と　いうと　大川さんは
「みんなの　ために　なる　ことだから、どんなに　いそがしくても　かまわないわ。」
と　いった。
ほんとうに　大川さんの　いう　とおりだ。ぼくは
「ぼくも　いそがしくても　平気さ。本は　借りて　行って　家でも　よめるからね。」
と　いった。

当時の状況を反映しているとともに、望ましい読書生活像を示している。

5 学習指導要領における読書指導

昭和20年代において、学習指導要領では読書指導はどのように記されているのか。1947(昭和22)年の学習指導要領国語科編［試案］の「読み方指導の一般的目標」において「三 読みかたの指導にはいるまえの準備活動」では、次のようになっている。

（四）読書に対する要求と興味とを起させる。1児童の日常経験において、いろいろな質問の起ったばあい、文字をさし示したり、本を読んでやったりして答えるようにする。これが少しすすんで、友だちによってなされるときは、いっそう効果的である。…（中略）…4絵本やお話の本を見ながら話をして、読むことによって、話が楽しめることを知っていく。

このような読書の指導を説いていく。そして1951（昭和26）年の小学校学習指導要領国語科編［試案］ではさらに詳しい指導の内容を示すようになっていく。「第一章 国語科の目標 第三節 国語科学習指導の一般目標は何か」では、

3 知識を求めたり、情報を得たりするため、経験を広めるため、娯楽と鑑賞のために広く読書しようとする習慣や態度を養い、技能と能力をみがく。

とある。さらに目標は「読むこと」の中に、

9　知識を求めたり、情報を得たり、楽しんだりするために、書物・雑誌・児童新聞・辞書・参考書などを活用し、図書館を利用することができる。

とあり、幅広い情報を獲得する指導も示唆している。以上より習慣と態度を取りあげながら技能と能力についても目配りしているのである。

6 読書生活を豊かにする指導

昭和20年代においては、学校図書館の設置や学級文庫の設置などがあり、読書指導が模索されていた。それらを支えた背景として、同時代の学習指導要領の「読むこと」の中で具体的内容を指摘していた。それらの成果としてこの時期の読書の指導は読書生活を豊かにするために学校図書館（学級文庫を含む）を利用するという実践が開花したのである。

引用文献

(1)『教育学大事典』第6巻、第一法規出版、1987、202ページ

(2) 全国学校図書館協議会編『学校図書館年鑑』1955年版、大日本図書

(3) 滑川道夫「読書指導と文学教育」『言語教育と文学教育』金子書房、1952

(4) 阪本一郎「読書指導の新航路」『教育研究』第8巻、第11号、不昧堂出版、1953（11月）、3～4ページ

(5) 沖山光『教育技術』第3巻、第11号、小学館、1949（2月）《国語教育史資料》第1巻、東京法令出版、198 1、726～728ページ

(6) 東京都立教育研究所『戦後東京都教育史 中巻 学校教育編』秀研社、1966、73ページ

(7) 柳田国男他編『三 学級文庫』『新しい国語 三年下』東京書籍、1949《国語教育史資料》第2巻、東京法令出版、1981、610ページ

※なお本論文は『解釈』平成19年6月 47～53ページ」をもとにしている

第14章 絵本の取り扱い

絵本はさまざまな取り扱い方ができる。絵本そのもののもつ魅力や特性には、絵本を通して人と人とがつながること、文化理解のツールとなりうること、疑似体験できること、などがある。絵本のもつ特性を理解し、自分の目的を意識することで、絵本の多様な取り扱いができるようになる。ここではいろいろな絵本の取り扱い方の実践例を紹介し、絵本とその取り扱いの可能性を探っていく。

1 絵本そのものの活用

絵本は、絵と文章とが分かちがたく結びついている。絵本のページをめくる読み手の動作や絵本のお話の展開により、現実世界と絵本の中の世界での「時間」の感覚の違いを感じることもできる。「幼稚園教育要領」における「言葉」にある絵本に親しみをもてる活用であり、「保育所保育指針」の「言葉」にあるように、言葉の豊かさを養う経験として、読み聞かせについて考察する。また、小学生や高齢者への読み聞かせの実践例もあわせて紹介する。

① 絵本の読み聞かせ

読み聞かせについては、本書の第1部、第2部にもあるので、ここでは簡単に触れる。

保育所や幼稚園で読み聞かせを行い子どもの内面世界にその作品が響いたとき、子どもの自発的な表現が起こることがある。たとえば、ある場面のまねをし始めたり、人形をその作品の登場人物に見立てて会話をしたり個々の心の中に浮かんだイメージを表現していく。一人で表現するだけでなく、一人が表現し始めると、ほかの子どもも誘発されて、いつの間にか自然発生的にグループでお話を再現したりすることもある。絵本の作品世界が子どもの心に響き、仲間たちでその思いを共有し合っている。

このように読み聞かせは、個々の子どもの心に響くと同時に、複数の子どもの心にも同時に届き、その思いを

読み聞かせで気をつける点

本書第1部、第2部と合わせて、自分が読み聞かせをするときのチェック項目として用いたい。

- 絵本の選び方
  読み聞かせを行う対象や目的、読み聞かせを行う状況にあった内容の絵本を選ぶ。

- 導入時
  子どもたちが読み聞かせを受け入れる状況になってから開始する。導入のために手遊びなどを工夫する。読み聞かせが始まる言葉や動作などをあらかじめ決めておくと、子どもたちの気持ちが読み聞かせに集中しやすい。

- 声の大きさ
  読み聞かせを行う子どもの人数や読み聞かせの会場の広さ、絵本の場面や登場人物に合わせた声の大きさを考える。

- 発声
  発声は、腹式呼吸で行う。喉元や口元だけの発声とは、声の力強さや、相手へ訴える力が大きく異なるからである。

- 絵本のもち方
  多人数の子どもに向けて行うときは、絵本の絵を手で隠してしまわないよう、絵本をもつほうの腕の脇をしめ、片手で絵本の横もしくは下をもち、もう一方の手でめくっていく。絵本が揺れないようにする。全員に絵本が見えているか確認してから読み聞かせを行う。

- **絵本のめくり方** 絵本の絵は「左から右へ、上から下へという流れ」がある。その流れを意識して絵の見せ方やめくり方を工夫する必要がある。なぜならば、めくる速度により、子どもたちは時間を早く感じたり、遅く感じたりするからである。お話の進行によっては、わくわくしながら期待をもって次のページを待つことができる。そのため、子どもたちの気持ちに沿ったためくり方やめくる速度に注意する。
- **進行の仕方** 聞き手の反応を常に確認しながら進める。
- **終 了 時** 読み聞かせの最後に、もう一度絵本の表紙を見せ、子どもたちが余韻を味わう時間を設ける。自分なりの終わりの言葉を決めておいてもよい。

読み聞かせは、このような点を意識して行うことで、より深く子どもたちの心に響くものとなるであろう。

子ども（小学生）や高齢者に向けた読み聞かせの実践例

神奈川県立二俣川看護福祉高等学校の図書委員会は、子どもや高齢者に向けた読み聞かせ活動を行っている。その実践が認められ、「平成26年度　子どもの読書活動優秀実践校」として文部科学大臣から表彰を受けた。ここでは、図書委員会の活動の指導をなさった学校司書の山本千夏先生（現在は他校に転勤）の話を紹介し、読み聞かせのもつ可能性を確認する。なお、インタビュー時には和暦や本の題名の後のカッコ内にあげた書誌については含まれていない。編集時に著者が加えたものである。

山本先生のお話

Q 活動の内容は？

A 二俣川看護福祉高校の図書委員会で、夏に小学校や、高齢者の病院で絵本の読み聞かせを行ってきました。小学校では「お話会」、病院では「朗読会」と称しています。

Q きっかけは？

A 前任校でも、文化祭で図書委員会の出し物として読み聞かせを行い、それがきっかけとなり近隣の小学校に「お話会」に行くようになりました。二俣川看護福祉高校は将来、看護や福祉の仕事に就くことを目指す高校生の学校です。実習が多く忙しいものの心優しい高校生が多いので、こちらから「お話会」の話をしたところ、やってみよう、ということになりました。

Q 経過は？

A 2011（平成23）年度に第1回目を行いました。はじめて行う年なので、私が『しゅくだい』（いもとようこ文／絵、宗正美子原案、岩崎書店、2003）、『コブタの気持ちもわかってよ』（小泉吉宏、ベネッセコーポレーション、1997）などの絵本の読み聞かせを行いました。まず、高校生たちに絵本のよさや感動、癒しの時間を味わってもらいたいと思ったからです。簡単な感想も書いてもらいました。その後に高校生たちが自分で絵本を選びました。また、絵本と絵本の合間に行うクイズやゲーム、手話ソングを行うための担当高校生も決めました。プログラムを決めリハーサルも行い、3日間の本番に臨みました。個人の練習やリハーサルの中では高校生の個性に合わせて、かなり具体的なアドバイスもしました。

262

小学校での読み聞かせの様子が「タウンニュース　旭区版」という地元のミニコミ紙で紹介され、近隣の子育て施設から依頼を受けたり、高校図書室に自宅にある数多くの絵本を寄贈してくださる方もいらっしゃいました。地域の方々とのつながりや温かい励ましを感じ、高校生と感動を分かち合いました。

2012（平成24）年度には、高齢者の方の病院から依頼を受け、病院での「朗読会」も行いました。この年は、私が『おこだでませんように』（くすのきしげのり・石井聖岳、小学館、2008）の読み聞かせを行い、感想も書いてもらいました。今回は絵本だけでなく、詩集や短いお話など、一人数冊ずつ選びました。各自練習し、リハーサルを行い、当日は対面朗読や、フロアでの「朗読会」を行いました。

小学校では、2日間、読み聞かせやクイズ、ゲームも交えた「お話会」を行いました。

2013（平成25）年度には、この活動が高校生たちにも浸透し、意欲的な高校生が集まりました。病院での「朗読会」、小学校での「お話会」ともに、順調に終えることができました。さらに12月には、小学校で「絵本づくり」という新しい活動も行うことができました（この活動については後述する）。

Q　この活動で高校生の皆さんが気をつけていたことは？

A　まず、絵本の選び方に気をつけていました。長い絵本だと小学生が飽きてしまうので、だいたい7分前後で終わる絵本を中心に選びました。それより長い絵本はお話にめりはりがあるものを選びました。内容が怖い『地獄』（宮次男監修、風涛社、1980）などの絵本は、読み方に工夫をして、飽きさせないようにしていました。

活動を行った病院は、高齢の終末期の患者様が多い病院です。そのため患者様が疲れないように、気持ちが少しでも明るくなるように、と考え、本の内容や長さ、声の大きさ、話し方、読み方なども工夫して

いました。また、病院は風邪をひいたり熱があると訪問できないので高校生たちは健康管理に気をつけていました。

Q 小学生との交流で
A 毎年、小学生が高校生と交流することを楽しみにしてくれています。また、高校生がそこで読んだ絵本がきっかけとなり、読書への興味が広がっているそうです。高校生側にも、年下の子どもたちに対する優しさや思いやりや接し方の工夫が育まれたと思います。
読み聞かせのとき、静かに一生懸命聞く小学生の目は、きらきらと輝いています。それを受けて、高校生も、より楽しませようと一生懸命読もうとします。お互いにとっていい関係が生まれました。

Q 高齢者との交流で
A 高齢者の方の中には、涙を流して喜んでくださる方や、「高校生の皆さん方とお話することで、元気をもらえるんですよ」と言ってくださる方もいらっしゃいました。「朗読会」をとても楽しみにしてくださっています。高校生もとてもやりがいを感じています。優しさや、他者を思いやる心が育まれると思います。また、高校生も高齢者の方のお話をうかがうことで、昔の生活のことや戦争のこと、命の大切さなどを改めて考えさせられたようです。高齢者の方の気持ちや、高齢者の方が考えていることを知ることができました。

Q 交流全体を通して
A 絵本や本の読み聞かせは、子どもにとっても大人にとってもうれしいものだと知ることができました。
高校生たちは、人に温かさや癒しをくれる絵本や本のよさを、再認識していました。そして、本がますま

す好きになりました。この「お話会」、「朗読会」を通して、高校生たちは、人の役に立つこと、人のために何かすることが、とてもうれしいということを、実感として理解できたと思います。

読み聞かせの実践例のまとめ

山本先生の話からもわかるように、絵本の読み聞かせを通して人と人とがつながることができる。音読のCDなどを聴くのではなく、人による読み聞かせだからこそ伝わるものがあること、読み聞かせを行う側にも喜びがあることを忘れてはならない。読み聞かせを行うときは、ぜひ実践者自身が、読み聞かせを行うことそのものを楽しんで行ってほしい。

また、学校のゼミ活動やボランティア活動など、組織的に読み聞かせ活動を行うときには、この実践の指導方法を参考にしていただきたい。実践の前に、まず読み聞かせの担い手である高校生自身に読み聞かせの楽しさを感じてもらうこと、今までの経験を踏まえつつ、複数年にわたり少しずつ要素をプラスしていくこと、リハーサルの中で、高校生の気持ちを大切にしながら、具体的なアドバイスをしていくことなどである。このように、指導者が現実を踏まえつつ、高い理想を追い求め、あせらず地道に努力し続けていくことが、結果として人と人とを結びつけ、よい実践をつくりあげていくことにつながっていく。

② 補足「絵本づくり」の活動紹介

絵本づくりの活動は、基本的には、次のように行う。

絵本を途中まで読み聞かせ、子どもたち一人ひとりに続きを想像してもらう。A3の紙をやつ折りにした8ページの絵本は途中まで絵とお話が描かれているが、5ページからは空白になっている。子どもたち一人ひとり、自分が想像したお話の絵本をつくっていく。こうして世界にひとつだけのオリジナルの絵本が、子どもたちの歓声とともにできあがる。子どもたちはそれを全員に読み聞かせ、世界に1冊のその絵本を全員で共有する。子どもたちは考える力が身につき、絵本をより一層身近に感じることができる。また、お互いに「すごいね」「きれいだね」「上手だね」とほめ合い、自己肯定感をもつことができ、承認欲求も満たすことができる。

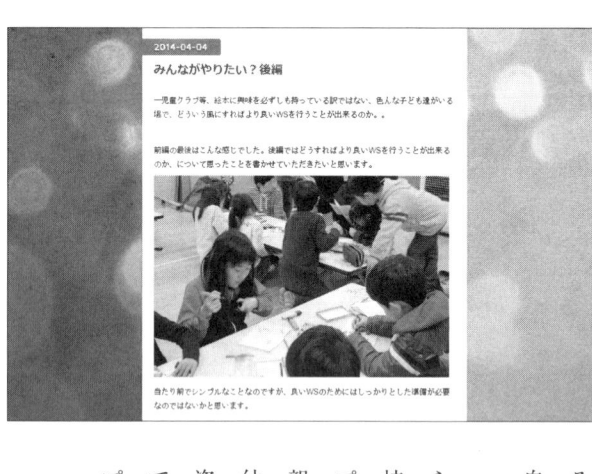

この活動の発案者は、当時高校3年生だったSさんである。「ぶっくらいく」という団体を創設し、2014年3月に二俣川看護福祉高等学校を卒業した後、東北も含め多くの地域で「絵本づくりワークショップ」を行った。Sさんが本好きになったのは、幼い頃、仕事で忙しい母親が時間をやりくりして絵本の読み聞かせをしてくれたからだという。幼い頃に絵本の楽しさを味わったことが、成長してからの読書に対する姿勢につながっていくことを知ってほしい。多くの人に本を好きになってもらうきっかけづくりになれば、という気持ちからこのワークショップを始めたという。

2 文化理解のツールとしての絵本

日本が舞台となっている絵本では、日本文化が前提となり絵とお話が進行する。そのため、絵本によっては、子どもが絵本を楽しみながら、日本の文化や風習を学ぶこともできる。絵があることで、視覚的な理解も深まる。聴覚や嗅覚、触覚は、文章を通して想像したり、読み聞かせを行う者の語りで想像し、感じ取っていく。たとえば、『もうすぐおしょうがつ』（西村繁男、福音館書店、2010）では、日本の伝統的なお正月の迎え方が描かれている。子どもはこの絵本を通してお話を楽しみながら、日本のお正月の迎え方を知る。

絵本のそのような特徴から、外国人が日本語や日本の文化について学ぼうとするときに、日本の絵本を利用することもある。筆者も、諸外国からの留学生や姉妹校交流で日本を訪れる高校生たちに、日本文化や日本語に親しんでもらうツールとして、絵本を見せながら日本の文化の説明を行ったり、日本語を習得する手助けをした経験がある。

絵があることでわかりやすい反面、絵本は日本文化の伝統や風習を前提としているので、題材によっては、内容を理解してもらうことが難しいこともあるので、内容の吟味は必要である。反対に、日本語話者が、外国語習得や外国の文化を理解するために外国語の絵本を活用することもあるが、ここでは割愛する。

3 絵本を通した疑似体験で感じる・学ぶ

現実世界では、なかなかできない経験を絵本の世界で疑似体験をし、それによって学ぶこともある。なかなかできない経験だがぜひ考えてほしいという点から、いくつか絵本を紹介する。

① 障がいについて考える

『おとうさんといっしょ』（白石清春作、西村繁男・いまきみち絵、福音館書店、1993）、『おとうさんといっしょ―おばあちゃんのうちへ―』（白石清春作、西村繁男・いまきみち絵、福音館書店、1995）。この絵本は、電動車いすを使用するお父さんと出かける「あきくん」の目を通して語られる。それによりお話のおもしろさとと

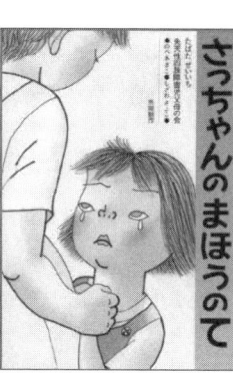

もに、たとえば駅の階段など、どうすればいろいろな人にとって生活しやすくなるか考えるきっかけにもなる。

『さっちゃんのまほうのて』（たばたせいいち，偕成社，1985）では、先天性四肢欠損という現実を主人公「さっちゃん」が乗り越えていく。私たちは誰もが、自分のある部分によってもたらされる負の感情を乗り越えなければならない。「さっちゃん」が自分の手の状態に対してつらい思いをしながらも、それを乗り越えていく姿は、そういう点で普遍性をもっている。

子どもがこのような絵本に触れることは障がいについて考えるきっかけにもなる。これからのインクルーシブ社会を生きる上で大切な疑似体験となろう。

② 死について考える

看取（み と）りをテーマとした絵本も、最近目にするようになった。とくに、『いのちつぐ「みとりびと」』シリーズ（國森康弘、全四巻、農山漁村文化協会（農文協）、2012）は写真絵本であり、絵ではなく、一般家庭で死を看

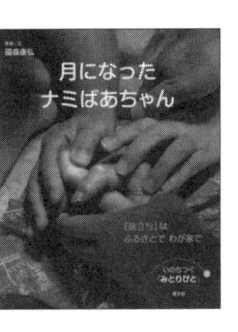

取る人々の写真が収められている。そのため、自然な形で死と看取り疑似体験できる。誰もが迎える死ではあるが、その看取りの経験は日常生活ではなかなか経験できない。絵本の中の死を通して、命の大切さや大切な人との別れの仕方を感じ取っていく。また、死を受け入れる疑似体験により、現実の死を受け入れる心の耐性も育っていくのではないだろうか。

③ 恐怖や不条理を感じる

怖い絵本も注目されている。日常生活では、夜の闇や禍々（まがまが）しさ、得体の知れないおどろおどろしい雰囲気は少なくなりつつある。日常生活で恐怖、不条理、謎めいたもどかしさなどを経験することが少なくなった現在、絵本の中でこのような感情を味わうことは貴重であろう。

理屈だけでは解明できない謎めいたことや、実は人生には不条理なものが潜んでいるということを、絵本を通して感じることは、思考の柔軟性を育てることにもつながるのではないだろうか。怖い絵本の先駆けといわれる「怪談えほん」シリーズ（東雅夫企画監修、「怪談えほん」シリーズ第一期全五巻、岩崎書店、2011～2012）は、大人でも恐怖や不安感を感じる内容となっている。岩崎書店のホームページでは、企画監修者である東雅夫氏および編集部からのメッセージも掲載されており、味わい深い内容となっている（「怪談えほん」http://www.iwasakishoten.co.jp/special/kaidan/ 2015年7月30日アクセス）。

④ 保育者自身が工夫を楽しみながら

このように、絵本はさまざまな取り扱い方ができる。絵本を取り扱うときには、漠然と絵本を手に取るのではなく、絵本を通して自分は人に何を伝えたいのかを意識することが大切である。目的意識を持ちながら試行錯誤を繰り返しつつ地道に実践を積み重ねていくことが、よりよい実践を築きあげていく。子どもが本に親しむ気持ちを育てる喜びを実感し、楽しみながらさまざまな工夫を凝らした実践に取り組んでいってほしい。

引用文献

（1）藤本朝巳『絵本のしくみを考える』日本エディタースクール出版部、2007、60ページ

第15章 教科書教材の取り扱い

―― 絵本を出典とした『世界一美しいぼくの村』を用いて

教科書教材と絵本をどのように結びつけるとよいのか。たとえば、小学校の教科書教材の中には、すでに絵本を原典とするものが多い。そのことから、どのような心構えをもちながら子どもに指導をしたらよいのだろうか。ていねいな指導を考えるには、どのようにしたらよいのだろう。そこで本章では、具体的に『世界一美しいぼくの村』(小林豊作/絵)をもとに考えていくことにしたい。

1 絵本を出典とした教材

国語科の教科書には、絵と文の作者が同一の絵本を出典とする教材がある。小学校低学年および中学年の教科書をみても、『だってだってのおばあちゃん』(佐野洋子作／絵、光村図書)、『ずうっと、ずっと、大すきだよ』(ハンス・ウィルヘルム作／絵、久山太市訳、光村図書)、『ニャーゴ』(宮西達也作／絵、東京書籍)、『お手紙』(アーノルド・ローベル作／絵、三木卓訳、光村図書および教育出版)、『アレクサンダとぜんまいねずみ』(レオ・レオニ作／絵、谷川俊太郎訳、光村図書および学校図書)、『スイミー』(レオ・レオニ作／絵、谷川俊太郎訳、教育出版)、『フレデリック』(レオ・レオニ作／絵、谷川俊太郎訳、三省堂)、『世界一美しいぼくの村』(小林豊作／絵、東京書籍)などがある。

では、その教科書教材の指導を行うには、どのような教材研究や子どもへの学習指導が求められることになるのであろうか。先行研究としては、非連続教材として絵本を活用するものがある。たとえば、奥泉香／山元隆春は、「学習者にとっての学習材としての意義や、広い意味での読みの力の育成への接続性が充分検討されないかぎり、国語科学習における計画性をもった絵本の活用は難しい。…(中略)…読むことの学習をいっそう実りあるものとするために、絵本の絵を活用して、視覚的側面から「登場人物の造形」を学習者に検討させる学習活動、及び発問を開発し提案する」とある。

一方、佐藤幸江は、デジタル教材としての画像や映像や音を提示する事例を紹介し、「授業目的に合わせて豊富な要素をどう組み合わせて使うかを考えて授業作りを行う必要がある」と提案している。

このようなかかわりによる視聴覚機材を用いた教科書教材の提示は、この方面の指導を示唆させるものである。

また、教科書教材と絵本との関連指導については、筆者が管見する限りにおいて、滝浪常雄の提案がある。そこでは、『スイミー』を例証として示しながら「今後は絵本と教科書を併用した実践が望まれる」と述べている。(3)

そこでここでは、絵と文の作者が同一の絵本を出典とする教科書教材を扱い、その教科書教材の文章と挿絵、そして絵本との関連に着目し、その教科書教材の多様な指導のありようについて考えてみたい。用いる教材は、小学校国語教科書の東京書籍四年下に掲載されている、『世界一美しいぼくの村』(小林豊作/挿絵)である。本教材は、絵本の『せかいいちうつくしいぼくの村』(小林豊作/絵、ポプラ社、2011)を底本とした書きおろしの教材である。文章は小林豊が著し、挿絵も自身で描いている。

2 教科書教材の吟味と指導

まず、絵本をその出典とする教科書教材を吟味したい。(4)では、教科書教材を吟味するために教材研究ではどのような手がかりを必要とするのか。すでに増渕恒吉は、「学習指導が効果的になされるように、教材について、事前にあらゆる角度から研究すること」(5)という。なお、教材研究ならびに教科書教材研究とともに、授業研究をも共同で行うという日本固有の学校文化もそれを支えている。(6)

一方、指導者の意識については、どうだろうか。日本国語教育学会の行った調査によると、小学校では「教師の、学習材を開発・選定する余裕や能力が十分でない」が「58・5%」(7)という状況がある。つまり指導の準備が

274

十分な状況にないといえるだろう。

以上をまとめてみると、本教科書教材については教材の吟味としては、事前に教科書教材と出典との叙述の対比・相違、出典の挿絵の理解、出典についての作品研究などの教材研究を行うことである。そのことは複眼的な学習を構想するためにも必要である。その結果、子どもたちの言語実態の把握をふまえた指導や、多様な学習展開の広がりの構想が期待できよう。

3 絵本を出典とした教科書教材 ——挿絵への着目

① 挿絵の位置

絵本を出典とした教科書教材の場合、書きおろした教科書教材文や挿絵を含む吟味を必要とする。とくに挿絵が非連続教材の読解と同様に、文章読解の手助けとなることについてである。

それは「小学校国語の挿絵にはどのような意義があるであろうか。挿絵の指導についてその挿絵の目的と種類によってその意義が異なっている。たとえば小学校低学年に用いられる読書入門期の絵のようなものは、話し方指導をめあてとして用いられているものが大半である。それに対して挿絵が文に出てくる人物や事物や事がらを絵にしており、文章に親しみを持たせたり理解を助けたりする意図をもつものになっているものもある」(8)という

第15章 教科書教材の取り扱い
——絵本を出典とした『世界一美しいぼくの村』を用いて
275

ものがある。

つまり、文章に親しみをもたせたり、理解を助けることになることへの指摘である。このことをふまえて、絵本を出典とした教科書教材の多様な指導を探りたい。たとえば、その挿絵には絵本作家の作品への思いが込められている。また、絵本作品と同様に書きおろした教科書教材の挿絵に対しても、絵本作家の何らかの思いが込められている。

② 絵本を教科書教材に書きおろした作者の挿絵に寄せる思い

教科書教材『世界一美しいぼくの村』の内容は、豊かに果物が実るアフガニスタンの村バグマンで生活している主人公ヤモの目をとおして、家族の日常生活を描いている。

ある日ヤモは、はじめて父と一緒に果物を売りに出かけ、その1日に戦争に行った兄や生活を支える父への思いなどを自覚するようになる。とくに出会った男性にバグマン村のさくらんぼのよさを称賛されたり、子羊を購入したりするなど、家族との生活の充実ぶりが描写されている。しかし、春を待たずして村は、戦争で破壊され失われてしまうという結末を迎えるお話である。

そこで、小林豊氏に挿絵を描く思いについて直接インタビューをお願いした。以下の内容は、そのインタビューにもとづいてまとめたものである。小林氏の了解を得て掲載するものである。

絵本と教科書教材とは右開きと左開きなど、異なりがあります。教科書掲載可能な形としての提案もあ

276

り、それを踏まえていきます。それを取り入れて教科書に書きおろしをすることになります。絵本として すでに発表したものです。自分としての思いがあります。

そこを教科書教材として、絵本の雰囲気をも伝えるために、自分の思いをこめて書くことになります。私は作家であり、画家ですから、自分の納得のいくものを教材文でも心がけています。絵本よりも挿絵はかなり少なくなりますが、読み手にその内容がよく伝わるように、挿絵を通して内容がよく伝わるように、そういう気持ちで描いています。

この作品を掲載していただいたことで、多くの皆さんと交流することができました。それはうれしいことです。私が実際に見聞したことを私なりに文章にし、そして挿絵を書いたことで、多くの皆さんと結びつくことができたからです。とくに私は、アフガニスタンを旅したときの経験をもとにして3部作の絵本にしました。それは『せかいいちうつしいぼくの村』『ぼくの村にサーカスがきた』『せかいいちうつくしい村へかえる』です。具体的にはそれらには、一人の少年主人公ヤモの視点から家族と周囲とのかかわりを描くようにし、自分の故郷が戦争に巻き込まれ、村がなくなってしまいながらも家族とともに日常を生活し、家にたどりつくまでの道のりを記しました。それが3冊の絵本になりました。最初の1冊が教科書に採録されたのですね(9)。

つまり、自分の作品世界を教科書教材として作成し直しても「伝わる」という作家としての思いである。媒体が絵本と教科書教材という別ものであっても読者に伝えるための努力は惜しまないのである。とりわけ教科書教材の独自の挿絵を描くことについても、絵本の雰囲気を共有できるものを作成したいという姿勢を読み取れる。

第15章 教科書教材の取り扱い
——絵本を出典とした『世界一美しいぼくの村』を用いて

であるならば、多くの複眼的な指導の可能性があることがわかる。

小林豊作／絵「アフガン3部作」について

『せかいいちうつくしいぼくの村』（ポプラ社、1995年出版）
アフガニスタン生まれのヤモは、村で採れた甘いすももと真っ赤なさくらんぼを父と一緒に町まで売りに出かける。賑やかな町にも戦争は影を落としていた。もってきた果物が全部売り切れたとき、お父さんは村にはいないひつじを買うことにする。ひつじは春という意味の「バハール」という名前がつけられた。しかし、その春はパグマン村にはやってこなかった。この年の冬に、村は戦争でなくなったのである。

『ぼくの村にサーカスがきた』（ポプラ社、1996年出版）
パグマン村にもサーカスがやってきた。ヤモのお兄さん、笛吹きが上手なミラドーのお父さんは戦争に行った。ミラドーはお父さんのことを思いながら笛を吹く。その笛がサーカスの会場でも吹かれ、それがきっかけとなり、ミラドーはサーカスの人々と一緒に旅をすることになる。ミラドーが旅立った後、うれしい雪が降り出した。しかし、この年の冬に村は破壊され、誰もいなくなった。

『せかいいちうつくしい村へかえる』（ポプラ社、2003年出版）
サーカスで笛を吹いて世界中を旅しているミラドーは、懐かしいパグマンの村と友のヤモのことをいつも思い出す。村を出るときにもってきた父の笛にもひびが入ってしまった。やっとのことでパグマン村に着いたミラ

278

ドーだったが、村はなくなり、ようやくヤモと出会うのである。2人は、ミラドーが買ってきた作物の種をもって村へ帰る。パグマン村を、再びあの緑と花でいっぱいの世界一美しい村にしようと願うのである。

③ 発達段階を考慮した教材文

教科書教材文は、配当学年の読みの発達段階からの指導を重視する。そのため、絵本を作家自身が教科書教材として書きおろしたものとなることがある。『世界一美しいぼくの村』も、それに該当する。

アフガン３部作

第15章 教科書教材の取り扱い
——絵本を出典とした『世界一美しいぼくの村』を用いて

絵本と読み比べてみると文章の相違はある。たとえば、冒頭の部分や主人公ヤモが町へ向かう街道の様子の叙述、ヤモのさくらんぼがなかなか売れなくて困っている箇所の様子などである。とりわけ、あとがきに書かれているアフガニスタンの説明の一部、「アフガニスタンでは、雨はめったにふりません。そのため、かわいた土や岩や砂ばかりの国のようにおもわれています。でも、春になれば、草花がさきみだれ、夏になれば、万年雪をかぶった山やまや、森や、みわたすかぎりの大草原もあって、くだものがたわわにみのります」という内容がある。これが教科書教材では、「アジアの真ん中にアフガニスタンという国があります。めったに雨がふらないので、かわいた土とすなばかりの国のように思われています。でも、春になれば花がさきみだれ、夏になれば、万年雪をかぶった高い山が連なり、森や見わたすかぎりの大草原もあって、春になれば花がさきみだれ、夏になれば、果物がたわわに実る美しい自然がいっぱいの国です」という叙述になっていることは、教室での多様な指導を意識したものである。

さらに、主人公ヤモが町へ向かう街道での様子、さくらんぼがなかなか売れなくて困っている様子などの箇所は、原典との違いなどをふまえ、これらの箇所に着目した指導が肝要である。

一方、挿絵に関しては、街頭の様子などは多くの省略があり、とくに最終ページの家族の後ろ姿は、教科書教材のみの挿絵であり、この箇所への着目は考えてみたい。

転載資料：世界一美しいぼくの村から最終ページの家族の後ろ姿

280

4 『世界一美しいぼくの村』について

① 学習指導の流れ

本教科書教材は、小学校4年生の下巻（東京書籍）に掲載されている。教材の原典となる絵本は、1995（平成7）年にポプラ社から出版され、1996（平成8）年度の産経児童出版文化賞のフジテレビ賞を受賞している。アフガン3部作である『せかいいちうつくしいぼくの村』『ぼくの村にサーカスがきた』『せかいいちうつくしい村へ帰る』の最初の1冊に位置する。

なお、授業事例の特色として国際理解教育においても実践がある。たとえば、2011（平成23）年度の国際理解教育セミナー（香川）では6月12日に坂山英治が授業実践例を発表している。また、広島市立船越小学校では、2010（平成22）年に国際理解・平和・人権教育の教材例として取りあげている。

ともあれ2014（平成26）年度に使用されていた教科書のなかでは、「家族やふるさとを思う心をえがいた本を読もう」という単元に位置づけられている。そこで、次に本教科書教材の指導の変遷を2001（平成13）年度からの教師用指導書を用いて大まかに素描する。

② 効果的な指導のための視点

『世界一美しいぼくの村』の効果的な指導のための3つの視点を示したい。

① 教科書教材文の冒頭・途中・結末の読み取りの指導をすることが、ほぼ標準的な手順となっている。

　　↓

② 読書指導の方向が示されており、本教科書教材を発端として多読へ向かうようになっている。

　　↓

③ 教科書教材文最後の一文の言葉に着目することが指導として示されている。(14)

　　↓

④ 音読指導として、本教科書教材の原典絵本を用いて音読する指導が提示されるように変容している。

　　↓

⑤ 指導の傾向として3つの指導展開例の提示から、主指導例と別案というように変容している。

教科書教材の構成を生かす

　第一は、教科書教材は見開きのページめくりを意識した構成が秀逸であるという視点である。とくに小学校4年生を対象とした指導を目指すうえで簡潔な教材である。そのことを意識して、本教科書教材の指導では、最後のページをめくることで、家族の後ろ姿が描かれる挿絵である。この挿絵を強調した指導を開発することは、この教科書教材の特質を意識した指導となる。

　そういった指導を経ることで、挿絵とともに全体の構成を再度振り返る指導に結びつく。その結果として子どもたちの読みの深まりが予想される。具体的なものとしては、関東学院小学校教諭村上博之の「作品の構造的な『しかけ』に気づく」(15)という事例などがあげられる。教材には書かれていないつなぎの言葉「でも」を入れることで、前の場面との思いを対比することができ、「その年の冬、村は戦争ではかいされ、今はもうありません」の終結部分の指導の一例として参考になる。

絵本と教科書教材双方のよさを生かす

　第二は、絵本と教科書教材は別物としながらも、それぞれのよさを生かしていくことという視点である。とりわけ本教科書教材の学習に際して、絵本の絵画性を取り入れながら学習を豊かにすることである。とりわけ本教科書教材の場合、学習者の言語状況に対応して、たとえば、絵本で描かれたバグマン村の街頭の絵の特性や色彩性などは、異国の雰囲気を理解する補いとして、子どもたちへ提示したい。これは有効な資料提示となる。異国のイメージの補いとして学びを想定できる。

また、教科書教材文の最後からヤモ家族の未来を想像させ、続き話を書かせる指導なども工夫できるだろう。

さらに、本教科書教材の学習の継続として小林氏のアフガン絵本3部作を読書対象として学ぶならば、未来を生きるヤモ家族の姿にふれることもできよう。本教材はその文章性及び絵画性今日性から多くの方向を導くことができる。

発展学習を行う

第三は本教科書教材を用いた発展学習という視点である。

文体を意識した表現づくりを念頭においた音読劇、シナリオづくり、紙芝居制作、グループによる劇化の示唆など、多方向の学習への可能性である。本教科書教材を用いながら表現との関連を念頭におく学習である。

たとえば、本教科書教材には、直接的な心情表現に加えて、心情が推し量れる行動の表現が多い。そこに着目し、音声化の指導を加えていくことは可能であろう。具体的には、綾川町羽床小学校では、2007（平成19）年に音読化をともなう暗唱指導を実践しており、その事例が参考となろう。また、朗読劇としてシナリオづくりを行う方向もあり、学習者の表現づくりとして読み聞かせや音読・朗読を視野に入れた多様な可能性が考えられるだろう。

引用文献

（1）奥泉香・山元隆春「国語科学習において絵本を活用するための発問研究」125回全国大学国語教育学会『全

(2) 佐藤幸江「教科のねらいを達成するためのICTの効果的な活用」日本国語教育学会編『月刊国語教育研究』通巻495号、日本国語教育学会、2013（7月）、35ページ

(3) 滝浪常雄「検証『スイミー』の教材研究―絵本と教科書の間で―」『児童教育研究』第19号、安田女子大学児童教育学会、2010、33〜41ページ

(4) 昌子佳弘は、絵本を教科書に採録する諸課題の一端を提起している。「教材『海の命』論」『国語教育論叢』第14号、島根大学教育学部国文学会、2005

(5) 増渕恒吉「教材研究」西尾実編『国語教育辞典』第4版、朝倉書店、1962、142ページ

(6) 『朝日新聞』2014年1月7日朝刊

(7) 日本国語教育学会著「国語教育に関する教師の意識」『国語教育全国大会第70回記念アンケート調査報告』国語教育学会、2007、48ページ

(8) 西尾実編『国語教育辞典』朝倉書店、1967、16ページ

(9) 2013年11月29日、筆者が小林豊氏の自宅を訪問し、インタビューしたものを書き起こしたものである。

(10) 小林豊作／絵『せかいいちうつくしいぼくの村』ポプラ社、1995、あとがきより

(11) 『新しい国語』教師用指導書研究編四下』東京書籍、2001、138ページ

(12) 『新しい国語』教師用指導書研究編四下』東京書籍、2004、30ページ

(13) 『新しい国語』教師用指導書研究編四下』東京書籍、2013、126ページ

(14) 東京書籍教科書質問箱（2014年1月23日解答）によると、挿絵に関しては「編集部としては…（中略）…わず

かでも未来への希望を感じ取れる終わり方にしたいと考えました」とのことである。

(15) 村上博之「文章の流れ（文脈）を読みとろう」『オフ』新学社、2014（3月）、8ページ

(付記) 本論は、文部科学省基盤研究C　課題番号No.23531213「絵本の国語教材化における絵の読み解きに注目した国語教育に関する研究」の研究助成を受けている。また『解釈』第60巻第5・6号、寧楽書房、2014（6月）に掲載された「絵本を原典とした教材の一考察 ──『世界一美しいぼくの村』（小林豊）を通して──」に加筆修正を行った。

コラム

ゲーム性のある読書

このところ、ビブリオバトル[*1]など、ゲーム性のある読書が注目を集めている。その背景のひとつに、活字への親しみの増加があると考えられる。活字離れが指摘される中、この考えに驚かれる読者も多いだろう。

若い世代にとって、メールやブログ、ツイッターなどのソーシャル・ネットワークサービス（SNS）は、自分の内面と深く結びついている。これらは、文字情報として発信される。情報を自ら発信するのも他者からの情報を受けとるのも、すべて活字を通して行っていく。また、ケータイ小説は読むことも、発行することも、紙ベースの本よりずっと手軽にできる。その手軽さは、「自分にもできる（書ける）のではないか」という読者から作者へ転換するときの敷居の低さにもつながっているのではないだろうか。

活字への親しみの感覚が増すことで、自由な発想の読書も生まれる。とくに、他者とつながる読書、ゲーム性のある読書、という発想が興味深い。

読書を複数で楽しむという発想は、以前からあった。読書会、輪読会などである。この場合、気心の知れた者同士の交流となることが多い。それに対して、ビブリオバトルは、ギャラリーに向けてのアピールとそれによる審判、という要素がある。これは、ブログやツイッターなど、双方向性や不特定多数の他者の存在、というインターネットでの情報発信と情報受信とイメージが重なる。

筆者の前任校（高校）での例だが、古典の授業での「枕草子」と「徒然草」の学びをもとに、文化祭で代表者によるビ

ビブリオバトルを行った。「枕草子」チームと「徒然草」チームで、それぞれの作品のおもしろさを発表し、発表を聞いた文化祭の来場者に投票をしてもらった。「ビブリオバトル」というゲームの要素を用いることが、作品の読みを深めることにつながった。

ビブリオバトル以外にも、ブックトーク、アニマシオン*2 *3など、読書の喜びを他者と共有しようという試みは多い。また、小学校や中学校、高校の国語の授業でも、他者の視点からの「書き換え」を行い読みを深める活動も行われている。高校の授業でやってみたいと思っていたのが、夏目漱石の『こころ』の書き換えである。*4「先生」によって語られている部分を、「K」や「お嬢さん」の視点から語るとすれば、どのようになるだろうか。そのためには、よりていねいに作品を読まねばならない。どのような語りになるのか。どのような授業展開になるのか。興味は尽きない。

*1 ビブリオバトルとは、参加者が本の紹介と紹介された本への投票を行い「チャンプ本」を決める知的書評合戦。手順としては発表参加者が読んでおもしろいと思った本を順番に一人5分間で本を紹介する。それぞれの発表後に参加者全員で発表に関するディスカッションを行い、終了後に「どの本が一番読みたくなったかを参加者もしくは会場の来場者が投票する。

*2 ブックトークとは、「その本のおもしろさを伝えること」または「聞き手にその本を読んでみたいという気持ちを起こさせること」を目的とし、一定のテーマを立て一定時間内に何冊かの本を複数の聞き手に紹介する行為。

*3 アニマシオンとは、子どもを読書する人生に送り出すのを目的としたスペインのモンセラット・サルトが開発した体系的な読書教育法。皆で同じ1冊の本を読み(グループ読書)、読み終わった本で「作戦」を行う。

*4 書き換えとは、文体を変える、登場人物になりきる、続き話を書く、発想を転換させるなどの活動を通して、表現の多様性に気づき、自分の言葉で話し、書くことができる力が育つことをめざす学習活動。「作戦」には読む力を育てる「ねらい」があり、1回に本1冊で「作戦」をひとつ行う。そして次回(別の本で別の作戦)へつなげる。

参考文献

● 第14章

・有働玲子『声の復権』明治図書、2001
・松岡享子『えほんのせかい こどものせかい』日本エディタースクール出版部、1987
・広岡キミエ『幼児の内面を育てる』ひとなる書房、1987

● コラム

・船橋学園読書教育研究会編著『朝の読書が奇跡を生んだ』高文研、1993
・林公・高文研編集部編『続・朝の読書が奇跡を生んだ』高文研、1996
・山崎博敏『学力を高める「朝の読書」』メディアパル、2008
・中央教育審議会「新しい時代を切り拓く生涯学習の振興方策について～知の循環型社会の構築を目指して～」2008

絵本の読み聞かせの姿勢や環境づくり

資料

絵本の読み聞かせにおいて読み手の姿勢や環境づくりは大切なものである。読み手の心がけひとつで子どもが絵本に集中しやすくなり、物語をより楽しむことにつながる。そこでここでは、絵本を読むうえでの注意点などを示す。

① 読み聞かせのコツ ──姿勢

絵本のもち方は片手もちが基本！

読み聞かせをするときは、絵本の底の部分をしっかりもち、腰のあたりで安定させながら、本をまっすぐに立てるようにしよう。慣れるまでは、もう一方の手で手前のところを支えると楽にもつことができる。購入したばかりの新しい絵本の場合、子どもたちへの読み聞かせを行う前に、ページを1ページずつしっかり開いて折り筋をつけておくなど、工夫することも忘れないようにしよう。

290

★POINT★
絵本の中心（背の部分）をしっかりもち、180度開いた状態でもつ。

★POINT★
片方の手で絵本の手前のところを支える。この時すぐにめくれるように、次のページに指を入れておくとよい。

★POINT★
絵本は顔の横ぐらいの高さに来るようにもつ。読み手の表情や口の動きを一緒に感じ取ることができる。

★POINT★
ひじをしっかり脇につけ、腕がぶれないように固定する。

★POINT★
絵本が後ろに倒れやすいので気をつける。気持ち絵本が前かがみになるぐらいが子どもには見やすい。

★POINT（事前準備）★
・読む前にしっかり本に折り筋をつけておく。
・カバーをはずして読む。
（カバーですべったり絵本がずれてしまい読みにくいため。）

★左開きの本の場合★
本人から見て右側に絵本をおく

★右開きの本の場合★
本人から見て左側に絵本をおく

絵本の読み聞かせの姿勢や環境づくり

子どもの目線に合わせて座ろう！

絵本を読む際に、読み手も子どもと一緒に床に座った状態で読んでしまうと、後ろに座った子どもたちは絵本がみえなくなってしまう。基本的に読み手は、子どもたちより少し高い位置で読むことが大切である。保育室や教室の子ども用の椅子などを活用して、絵本をみやすい環境をつくるようにしよう。

② 読み聞かせのコツ ──読み方編

下読みをしよう！

絵本の世界を子どもたちに伝えるために、必ずしておきたいのが下読みである。たとえば、「こんにちは」が何度も出てくる絵本の場合、そのひとつひとつの「こんにちは」の言葉に意味の違いや読み方の工夫について、下読みを行うことで事前に考えることができる。下読みは3回以

🌸 子どもが床に座っている場合は子ども用の椅子に座って読むのがよい。

🌸 子どもが子ども用の椅子に座っている時はピアノ用の椅子などを活用するとよい。

上行うことをお勧めする。

1回目：黙読をしてから物語のあらすじを理解する（起承転結の流れを知り、物語のキーワードやポイントをつかむ）。

2回目：絵をしっかりと読み取る（たくさんの情報が描かれた絵と文の関係をとらえて、絵の見せ方を考える）。

3回目：音読をする（途中で引っかからないようすらすらと読めるように練習し、物語のキーワードやポイントの伝え方も考えながら読む）。

ゆっくりと読もう！

絵本の場合、絵の中にたくさんの情報が描かれている。子どもたちは、読み聞かせの間、文を聞きながら絵を見るという、2つのことを同時進行させている。そのため、できるだけ文をゆっくり読んで、絵もまたじっくりとみせるようにしよう。

読み方を変えよう！

昔話ならあまり抑揚（よくよう）をつけずに読む方が、子どもたちは集中して聞くことができる。ファンタジーや冒険ものは、物語の進展が理解しやすいようにメリハリをつけて読むようにしよう。メッセージ性のある絵本は、子どもが絵本の内容に気持ちを重ね合わせやすくするため、読み手自身が気持ちを込めて読むことが大切になる。どのジャンルの絵本にも共通することだが、子どもたちの反応をみながら読むようにしよう。どんな絵本でも、内容

資料 293　絵本の読み聞かせの姿勢や環境づくり

🍀 とくに絵だけのページなどは絵から多くの情報やイメージを得ることができるので、ゆっくりスライドさせながら全員が真正面から絵を見られるようにしよう。

とテーマをしっかりとらえて読めば、自然と抑揚とテンポが生まれてくる。

大切なのは終わり方！

絵本の話の世界に入った子どもは、もっと話が続いてほしいと感じている。絵本が読み終わったと、そこでスパッと切ってしまうのではなく、ぜひ余韻に浸る時間をつくってほしい。そして、子どもたちと一緒に感じたことをもっと話してみよう。絵本をみてどんなことを感じ、どのような気持ちになったのか、読み手と聞き手、聞き手同士のそれぞれの気持ちを共感しあい、新たな発見を得るうえで有意義な時間となるだろう。

編著者紹介

有働玲子（うどうれいこ）──────●1章、4章、12章、13章、15章

聖徳大学児童学部児童学科教授

執筆者紹介

大橋ひろ美（おおはしひろみ）──────●6章、8章(8−1)

元東京都公立小学校教諭

大間孝子（おおまたかこ）──────●11章

品川区立御殿山小学校主幹教諭

川﨑啓子（かわさきけいこ）[*]──────●14章

神奈川県立二俣川看護福祉高等学校教頭

駒井さゆり（こまいさゆり）──────●3章、7章(7−2)

学校法人　国分寺幼稚園教諭（茨城県石岡市）

齋藤聖子（さいとうきよこ）──────●8章(8−2)

さいたま市立仲本小学校教諭

品川孝子（しながわたかこ）[*]──────●5章、9章

元群馬県公立小学校教諭

島川侑子（しまかわゆうこ）──────●2章、7章(7−1)

学校法人市川学園　市川学園幼稚園教諭（千葉県市川市）

生井恭子（なまいすみこ）──────●10章

東京都立墨東特別支援学校主任教諭

＊印＝編集委員

※コラムおよび資料の執筆担当者は目次に示した。

装幀・レイアウト	aica
イラスト	鳥取秀子
本文DTP	本薗直美

子どものことばをはぐくむ
国語・音声・読書の指導

2015年9月15日　初版第1刷発行

編著者	有働玲子
発行者	服部直人
発行所	㈱萌文書林
	〒113-0021　東京都文京区本駒込6-25-6
	Tel. 03-3943-0576　Fax. 03-3943-0567
	http://www.houbun.com
	info@houbun.com
印刷・製本	モリモト印刷株式会社　　　〈検印省略〉

日本音楽著作権協会　(出) 1508859-501

Ⓒ2015 Reiko Udou, Printed in Japan
ISBN 978-4-89347-220-5　C3037

落丁・乱丁本は弊社までお送りください。送料弊社負担でお取り替えいたします。
本書の内容を一部または全部を無断で複写・複製、転記・転載することは、法律で認められた場合を除き、著作者および出版社の権利の侵害となります。本書からの複写・複製、転記・転載をご希望の場合、あらかじめ弊社あてに許諾をお求めください。